中华传统文化主题故事读本

勇毅果敢

高滨　杜威　主编

浙江出版联合集团
浙江古籍出版社

图书在版编目(CIP)数据

中华传统文化主题故事读本. 勇毅果敢/高滨,杜威主编.—杭州:浙江古籍出版社,2018.6(2019.6重印)
ISBN978-7-5540-1249-9

Ⅰ.①中… Ⅱ.①高… ②杜… Ⅲ.①中华文化-青少年读物 Ⅳ.①K203-49

中国版本图书馆CIP数据核字(2018)第088932号

中华传统文化主题故事读本·勇毅果敢

高 滨 杜 威 主 编

出版发行	浙江古籍出版社
	(杭州市体育场路347号)
网 址	www.zjguji.com
选题策划	关俊红
责任编辑	徐晓玲
责任校对	余 宏
美术设计	刘 欣
封面绘图	懒懒灰兔
责任印务	楼浩凯
照 排	杭州兴邦电子印务有限公司
印 刷	杭州富阳美术印刷有限公司
开 本	880mm×1230mm 1/32
印 张	5.125
字 数	140千字
版 次	2018年6月第1版
印 次	2019年6月第2次印刷
书 号	978-7-5540-1249-9
定 价	18.00元

如发现印装质量问题,影响阅读,请与印刷厂联系调换。

总序

习近平总书记在《在纪念孔子诞辰 2565 周年国际学术研讨会暨国际儒学联合会第五届会员大会开幕会上的讲话》中指出："包括儒家思想在内的中国优秀传统文化中蕴藏着解决当代人类面临的难题的重要启示，比如，关于道法自然、天人合一的思想，关于天下为公、大同世界的思想，关于自强不息、厚德载物的思想，关于以民为本、安民富民乐民的思想，关于为政以德、政者正也的思想，关于苟日新日日新又日新、革故鼎新、与时俱进的思想，关于脚踏实地、实事求是的思想，关于经世致用、知行合一、躬行实践的思想，关于集思广益、博施众利、群策群力的思想，关于仁者爱人、以德立人的思想，关于以诚待人、讲信修睦的思想，关于清廉从政、勤勉奉公的思想，关于俭约自守、力戒奢华的思想，关于中和、泰和、求同存异、和而不同、和谐相处的思想，关于安不忘危、存不忘亡、治不忘乱、居安思危的思想，等等。"

为了深入挖掘和阐发中华优秀传统文化的内在价值，让青少年感受其精髓，深化其根基，我们策划了《中华传统文化主题故事读本丛书》。本套丛书共八册，分别是《顺天应时》《爱国励志》《修身齐家》《清廉简约》《诚信仁爱》《勤勉敬业》《勇毅果敢》《革故鼎新》。

希望本套丛书能充分发挥故事的力量，让青少年不但获得中华优秀传统文化的滋养，更能以古代杰出人物为榜样，有所领悟，有所获得，有所借鉴。

目录

尧舜让位

传说黄帝以后，在黄河流域先后出现了尧、舜、禹三位著名的部落联盟领袖。关于他们"禅让"的故事，古书上多有记载。

尧，号陶唐氏，是帝喾的儿子、黄帝的五世孙，居住在西部平阳。尧当上部落联盟首领后，部落里的人都很拥护他。尧在位七十年后，因年岁日高，于是他召开部落联盟会议，讨论继承人人选的问题。

放齐说："您的儿子丹朱是个开明的人，继承您的位子很合适。"尧严肃地说："不行，丹朱虽然聪明，但品德不好，遇事斤斤计较，从不知道宽容别人。"讙兜

说："管水利的共工做得挺不错的。"尧摇摇头说："共工口才很好，虽然表面看上去非常谦恭，但心口不一。让他做首领，我真是不放心。"

接着，有很多人推举舜，说他是个德才兼

备的人物。尧很高兴，把自己的两个女儿娥皇、女英嫁给舜，并考验了舜二十八年之后才放心地将帝位禅让给他。

舜继位后，勤劳俭朴，亲自耕田、打鱼、制陶，深受大家爱戴。他通过部落联盟会议，让八元管土地，八恺管教化，契管民事，伯益管山林川泽，伯夷管祭祀，皋陶掌管刑罚，完善了社会管理制度。后来，他也仿照尧的做法召开继位人人选会议，展开民主讨论。大家推举禹做继承人。舜晚年身体不好，依旧到南方各地去巡视，最后病死在去苍梧的途中。舜死后，禹做了部落联盟的首领。

商朝最早的国都在亳，在以后三百年中，都城一共搬迁了五次。

盘庚是商王祖丁之子，阳甲之弟，商朝第二十位君主。阳甲死后，盘庚继位，是商朝一位很有作为的君主。盘庚即位时，商朝经过几代内乱（即九世之乱），政治腐败，贵族奢侈，王室内部斗争激烈，社会矛盾尖锐，加上天灾频繁，面临着严重的危机。盘庚一心要挽救商王朝的衰亡，抑制贵族的奢侈，缓和阶级矛盾。当他得知殷一带土肥水美，山林有虎熊等兽，水里有鱼虾时，就决心迁都至殷。可是，大多数贵族贪图安逸，不愿意搬迁，一部分贵族甚至煽动平民起来反抗，闹得很厉害。

面对强大的反对势力，盘庚并没有动摇迁都的决心。他把反对迁都的贵族找来，耐心地劝导他们："我要你们搬迁，是为了安定我们的国家。你们不但不谅解我的苦心，反而煽动百姓起来反抗，造成无谓的惊慌。你们想要借此改变我的主意，是办不到的。"盘庚不顾巨大的阻力，毅然率众西渡黄河，搬迁至殷，史称"盘庚迁殷"。

　　盘庚认为统治民众，就是要与其共享欢乐与安康，他要求贵戚旧族也要摒弃私心，给人民施实惠。在选拔与任用官吏的时候，盘庚也以能否养护民众为取舍标准。对于那些聚敛财宝供一己享受的人，一概不用，而对于爱护民众之人，则给予重用。他还提倡节俭，改良风气，减轻剥削，终于安定了局面。在他的治理下，殷发展成为一座十分繁荣的都市。此后的两百七十多年，商的都城一直在这里，商朝也因此被称为殷朝或殷商。

周厉王是西周的第十位君王。他贪财好利，暴虐无道，压制民言，残酷地剥削压迫奴隶和平民。召公对厉王说："老百姓已不堪忍受暴虐的政令啦！"厉王听后勃然大怒，找来一个卫国的巫者，派他暗中监视敢于指责自己的人，一经发现，就横加杀戮。人们都不敢随便说话，在路上相遇，彼此也只能以眼神表达内心的愤恨。

周厉王颇为得意，告诉召公说："我能消除指责的言论，他们再也不敢吭声了。"召公说："你这样做只能堵住人们的嘴。可是防范老百姓的嘴，比防备河水泛滥更不易。河道因堵塞而造成决口，就会伤害很多人。堵住老百姓的口，后果也将如此。因而治水者须排除壅塞而加以疏通，治民者须善于开导而让人说话。以前贤明的君王处理政事，让三公九卿及各级官吏进献讽喻诗，乐师进献民间乐曲，史官进献有借鉴意义的史籍，少师诵读箴言，盲人吟咏诗篇、诵读讽谏之言，掌管营建事务的百工亦纷纷进谏，甚至平民都可以将自己的意见转达给君王，近侍尽规劝之责，君王的内亲外戚都能补其过失，考察是非，这样，国家才能长治久安。老百姓有

口，就像大地有高山河流一样，社会的物资财富全靠它出产；又像高原和低地都有平坦肥沃的良田一样，人类的衣食物品全靠它产生。人们发表议论，政事的成败得失便能表露出来，好的就尽力去实行，失误的就设法去制止，这样社会财富就会日益丰富。所以说，应该鼓励百姓进言，而不是反其道而行之。"

周厉王不听，依然我行我素。过了三年，忍无可忍的国人在都城镐京发动武装暴动，平民和奴隶攻入王宫，周厉王仓皇逃跑，后来死在外地。

春秋时，郑国郑武公从申国娶了一位妻子，叫武姜，她生有两个儿子：庄公和叔段。武姜生庄公时难产，便对庄公心生厌恶，给他取名叫"寤生"，对叔段却百般宠爱。

她经常在郑武公面前称赞叔段能干，要求立叔段为世子。郑武公认为庄公并没有任何过错，按古制不应废长立幼。为了安抚武姜，郑武公把共城封给叔段，因此叔段又称作"共叔段"。

公元前744年，郑武公去世，庄公即位。母亲武姜心怀不满，千方百计培养叔段的势力，妄图取代庄公。武姜对庄公说："你有土地几百里，而你弟弟只有一小块，就把制这个地方封给你弟弟吧！"庄公摇了摇头说："制是个险要的地方，父亲在世时说过：'制这个地方，不能分封。'除此之外，都可以。"武姜说："那就把京城封给你弟弟吧！"庄公把京城赐给共叔段做封地。叔段到京后，自称京城太叔，招兵买马，修筑城墙，准备谋反。卿士祭仲发现后告诉了庄公，庄公说："只要我母亲愿意，有什么关系。"祭仲说："武姜没有满足的时候，不如早点给他们安置个合适的地方，不然就难对付了。"庄公却淡然应道："如果不做好事，那一定是自取灭亡。"

郑庄公二十二年（前722），叔段认为时机成熟，和母亲商量谋反日期，武姜作出决定后给叔段回信，让他立即起兵，自己做内应。此时，郑庄公早已发现了他俩的阴谋，截获了密信。拿到证据后，郑庄公马上派公孙吕率二百辆兵车包围了京城，京城的士兵大都认为庄公宽厚，太叔不仁不义，纷纷倒戈，叔段措手不及，仓皇逃至鄢陵，后又被庄公追杀而被迫逃到共城。很快共城又被攻破，共叔段自杀。

因为此事，庄公对母亲失望至极，扬言"不到黄泉不相见"。随后，庄公便把武姜送到城颖居住。没过多久，仁厚的庄公就有些后悔了，觉得这不符合孝道。当地官员颖考叔听说此事后，就去求见庄公。庄公召见了他，并设宴招待。颖考叔在用餐时，把一些好吃的东西藏在了袖子里。庄公感到非常奇怪，就问："你这是什么意思？"颖考叔说："我母亲常年在乡下，没吃过君主赐的饭食，我想给她带一些回去，以表我的孝心。"郑庄公听后，联想到自己，不觉流下泪来。颖考叔佯装不明所以，庄公就讲了自己与母亲关系决裂的经过。颖考叔说："这好办。我们可以掘地道至黄泉，筑成甬道和庭室，在那里，你们不就可以见面了吗？"庄公深感此法妥当，就委托颖考叔办理此事。颖考叔迅速行动，很快就挖成了一条地道，请庄公和他母亲在里面见面。母子二人见面后抱头痛哭，从此言归于好。

晏子被派遣出使楚国。楚人知道晏子身材矮小，为了羞侮他，就在城门的旁边开了一个小洞让晏子通行。晏子说："出使到狗国的话就应从狗洞进去，今天我出使到楚国，难道应该从这个洞进去吗？"迎接宾客的人连忙带晏子改从大门进去。

晏子拜见楚王后，楚王问："齐国没有人可派吗，竟派你做使臣？"晏子严肃地回答道："齐国的都城临淄有七千五百户人家，人们一起张开袖子，天就阴暗下来；一起挥洒汗水，就会汇成大雨；街上行人摩肩接踵，怎么能说没有人才呢？"楚王说："既然这样，那么为什么会派遣你来呢？"晏子回答："齐国派遣使臣，根据不同的出使对象而定，贤能的人被派遣出使到贤能的国王那里去，不肖的人被派遣出使到不肖的国王那里去。我晏婴是最不肖的人，所以只好出使到楚国来了。"

早在晏子至楚之前，楚王就与侍臣商议说："晏婴善辞令，他来以后，我想羞侮他，用什么办法呢？"侍臣回答说："等他来的时候，请允许我们捆绑一个人，从大王面前走过。大王就问：'这人是干什么的？'我们就回答说：'是齐国人。'大王又问：'犯了什么罪？'我们就回答说：'犯了偷窃的罪。'"

前两次欲羞侮晏子没有得逞，楚王就安排按计行事。楚王赏赐晏子喝酒，喝得正高兴的时候，两名官吏绑着一个人从楚王面前走过。楚王与官吏按计划一问一答，然后楚王瞟着晏子说："齐国人都善于偷窃吗？"晏子离开座位，回答说："我听说，橘子长在淮河以南结橘，长在淮河以北结的就是酸枳，这是什么原因呢？是水土不同。百姓生活在齐国不偷盗，来到楚国就偷盗，难道楚国的水土使人民善盗吗？"楚王笑道："圣人是不能同他开玩笑的，我真是自讨没趣！"

　　优孟是楚庄王时的一位大臣，他思维敏捷，做事很有原则。

　　楚庄王酷爱养马，为那些最心爱的马，都披上华丽的绸缎，养在金碧辉煌的厅堂里，睡清凉的席子，吃美味的枣肉。有一匹马因吃得太好了，肥胖而死。楚王命令全体大臣为马致哀，准备用棺椁装殓，按大夫的规格举行隆重的葬礼。左右大臣纷纷劝谏，楚庄王非但不听，还下了一道命令："敢阻止我葬马者，格杀勿论。"优孟听说后，闯进王宫就号啕大哭。楚庄王问他为什么哭，优孟回答："那匹死了的马是大王最心爱的。楚国这样一个堂堂大国，却只用大夫的葬礼规格来办马的丧事，未免太不像话了，应使用国王的葬礼规格才对啊！"楚王问："照你看来，应该怎样呢？"优孟回答："我看应该用白玉做棺材，用高级楠木做外椁，调遣大批士兵来挖个大坟坑，发动全城男女老幼来挑土。出丧那天，要齐国、赵国的使节在前面鸣锣开道，让韩国、魏国的使节在后面摇幡招魂。然后还需建造祠堂，长年供奉它的牌位，再追封它一个万户侯。这样，就可以让天下人都知道，原来大王把人看得很轻贱，而把马看得最贵重。"

　　楚王这时终于恍然大悟，知道这是优孟在含蓄地批评他，便说："我的过错就这样大吗？好吧，那你说现在应该怎么办呢？"

　　优孟答道："事情好办！依臣之见，用灶头为椁，铜锅为棺，放些花椒桂皮、生姜大蒜，把马肉炖得喷喷香，让大家饱餐一顿，把它葬到人的肚子里。"楚王听从了优孟的劝谏。

豫让是春秋晋国人，智氏家臣。豫让曾经在范氏、中行氏手下工作，但没有受到重视；后来投靠智伯，智伯非常看重他。赵襄子与智伯之间有极深的仇怨，后来赵襄子联合韩、魏二家，杀了智伯，并将他的头骨拿来当酒杯。

豫让感戴智伯的器重，下定决心为他复仇。他先是改名换姓，冒充罪犯混进宫廷，想要借整修厕所的机会，刺杀赵襄子。可是赵襄子突然有所警觉，命令手下将豫让搜捕出来。赵襄子的左右随从准备杀豫让，赵襄子却认为豫让肯为故主报仇，是个有义之人，便将他释放了。豫让说："你虽然放了我，但我还是会刺杀你的！"

一心为主报仇的豫让不惜在全身涂抹上油漆，吞下煤炭，毁容变身，乔装成乞丐，等待机会。他的朋友劝他："以你的才能，假如肯假意投靠赵襄子，赵襄子一定会重用、亲近你，那你岂不就有机会报仇了，何必这样虐待自己呢？"豫让却说："如果我向赵襄子投诚，我就应该对他忠诚，绝不能虚情假意，用这种卑鄙的手

段。”

有一次，豫让打听到赵襄子将出行，他觉得机会来了，就预先埋伏在赵襄子必经的一座桥下，准备在赵襄子过桥的时候刺杀他。当赵襄子经过时，他的马却突然惊跳起来，使得豫让的计划再次失败。捉住豫让后，赵襄子责备他说：“你曾经在范氏和中行氏手下做事，智伯消灭了他们，你不但不为他们报仇，反而投靠了智伯；那么，现在你也可以投靠我呀，为什么一定要为智伯报仇呢？”豫让说：“我在范氏、中行氏手下的时候，他们根本不重视我，把我当成一般人；而智伯非常看重我，把我当成最优秀的人才，他是我的知己，所以我非替他报仇不可！”

赵襄子听后非常感慨，便说：“你对智伯也算是仁至义尽，而我也放过你好几次了。这次，我不能再释放你了，你好自为之吧！”豫让心知这次非死不可，就恳求赵襄子：“希望你能完成我最后一个心愿：将你的衣服脱下来，让我刺穿，这样，我即使是死了，也不会有遗憾。”赵襄子见他这样忠诚，大为感动，便脱下外袍交给他。豫让刺了外袍之后，就自杀了。

邹忌讽齐王纳谏

邹忌，战国时齐国大臣、政治家，劝说威王奖励群臣吏民进谏，主张革新政治，修订法律，选拔人才，奖励贤臣，处罚奸吏，并选荐得力大臣镇守四境，推行的各项改革使齐国国力渐强。

邹忌的相貌也为世人夸赞。邹忌身高八尺以上，体形容貌俊美。一天，他穿好礼服戴上冠对着镜子细看，问妻子："我和城北徐公相比谁美？"妻子说："您美极了，徐公怎么能比得上您呀！"城北徐公，是齐国有名的美男子。邹忌不太自信，又问他的侍妾："我跟徐公哪个美？"侍妾说："徐公哪能及得上您啊！"第二天，有客人来访，邹忌问客人说："我跟徐公谁美？"客人回答："徐公不如您美。"

后来，徐公来访。邹忌仔细端详徐公，自叹不如；再照镜子看自己，更感到差得很远。晚上睡觉时，邹忌心里想道："我妻子说我美，是偏爱我；侍妾说我美，是惧怕我；客人说我美，是有求于我啊！"邹忌谒见威王，说："我知道自己不如徐公美，我的妻子偏爱我，我的侍妾惧怕我，我的客人有求于我，都说我比徐公美。现在齐国土地方圆千里，有一百二十座城邑，大王的后宫嫔妃左右亲信，没一个不偏爱您的；满朝大臣，没一个不惧怕您的；一国之内，没一个不有求于您的。从这点看来，大王受蒙蔽就更严重了！"威王说："说得好。"于是发布命令："不论当官的、当差的还是普通百姓，能当面指责我过错的，得上等奖；呈上书信劝谏我的，得中等奖；能在公共场所职责我的过失传到我耳中的，得下等奖。"

命令刚发下时，臣民们纷纷上朝进谏，从宫门到殿堂川流不息。几个月以后，还有人断断续续来进谏。一年以后，人们即使想进谏，也没什么可以提的了。燕国、赵国、韩国、魏国听到这件事，都来朝拜齐威王。这就是所谓在朝廷之内战胜敌国。

范蠡急流勇退

勾践卧薪尝胆复仇雪耻主要依靠了两个人物，一个是文仲，一个是范蠡。两人都有经邦治国之才，但最后一个流连忘返成了刀下鬼，一个功成身退做了大富翁。

勾践灭掉吴国之后，曾经摆宴庆功，群臣欢呼雀跃，喜形于色。可是，越王勾践却面有不悦之色，一般人都没有察觉到，可范蠡一眼就看透了勾践的心思。他知道勾践心胸比较狭隘，不愿意把灭吴之功归于臣下。猜透了这一点，范蠡就暗自做出了急流勇退的打算。他向勾践提出退休请求，勾践沉吟半晌，然后煞有介事地对范蠡说："你不能退休，不

但不能退休，我还要分越国一半给你，让你和我一起掌管越国。你必须答应我，若不答应，我就杀掉你。"范蠡心里很明白，杀掉他是真，分享越国是假。他悄悄地打点行装，带着家眷泛舟而去。

范蠡逃离越国时，曾给老朋友文仲留下一封信，告诉他勾践其人，只可共患难，不可同享乐，要他早做打算，赶紧离开是非之地。可惜文仲收到范蠡的信以后，犹豫不决，等他意识到问题的严重性，打算退隐的时候，为时已晚，勾践赐死的宝剑已经送到，文仲最后只能含恨自刎。

　　中华传统文化主题故事读本·勇毅果敢

魏王要攻打邯郸，季梁听说后，风雨兼程地向魏国的都城赶去，想要劝阻魏王。到了魏国都城，一打听情况，许多大臣都反对攻赵这件事，只是无法劝醒魏王，都在摇头叹息。他们提醒季梁说："这么多大臣都没有办法改变魏王的主意，你何必去自讨苦吃呢？"

季梁早把生死置之度外，直向王宫奔去。魏王看见季梁大汗淋漓地走进宫中，以为外面发生了什么大事，赶紧问他缘由。"我这次外出遇见一个很奇怪的人。"季梁说。"这个人怪在什么地方呢？"魏王这几天被大臣们反对发兵攻打赵国的谏言搅得晕头转向，听说遇到怪人，感到很新鲜，催着季梁说下去。季梁接着说："我在路上碰到一个坐在马车上的人，正往北方赶路。我问：'你到哪里去呀？'他回答：'要到楚国去。'我告诉他：'楚国在南方，怎么往北走呢？'他不以为然地说：'你不用担心，我的马跑得快极了。'我又劝他：'马跑得快又有什么用呢？你方向搞反了！'他依然十分自信，说：'你瞎嚷嚷什么呀！我路费充足，我的车夫技术娴熟，何愁走不到楚国呢？'我知道再劝也没用，叹道：'可惜你把好车好马用歪了！你这样走下去，离楚国不是越来越远了吗？'那个人不再答话，驾着车还是向北方飞驰而去。"魏王感慨地说："真是一个怪人！"

"这个人能不能走到楚国，这不用我们担心。"季梁不失时机地转换了话题，"可是如今大王要发兵攻打赵国，却直接关系到我们魏国的成败得失。大王倚仗地域辽阔，兵精粮足，就无缘无故地去攻打赵国，借以扩张魏国的领土，成就霸主之业。这样的行动必然遭到赵国和天下人民的强烈反对，那么，大王又如何做天下霸主呢？这种举动越多，离大王的目标就越远，这同驾车要到楚国却向北去的那个人又有什么两样呢？"

魏王听了季梁的话，没有大发雷霆，反而夸奖他说得很有道理，当即取消了攻打赵国的计划。

孙膑，齐国阿人，孙武的后代。他曾与庞涓同习兵法。庞涓做了魏惠王将军，因忌孙膑才能，把他骗到了魏国，捏造罪名，用刑挖去了孙膑两足膝盖骨并在他脸上刺字，想使孙膑这辈子再也不能在人前露面。

一次，齐国的使者到魏国都城大梁来，孙膑以一个受过刑的罪犯的身份暗中会见了齐使，向他游说。齐使认为孙膑的才能奇异，就偷偷地载着孙膑回到了齐国。齐国将军田忌非常赏识孙膑的才能，奉他为座上宾。

田忌经常和齐国诸公子赛马，往往会下很大的赌注。比赛的马分为上、中、下三个等级，孙膑看到田忌的马的足力和对手相差不是很大，就对田忌说："您只管下大赌注，我能够使您获胜。"田忌相信孙膑所言，就跟齐王和诸公子下千金赌注。比赛时，孙膑对田忌说："现在用您的下等马去和对方的上等马比赛，拿您的上等马去和对方的中等马比赛，再拿您的中等马和对方的下等马比赛。"三个等级的马比赛完毕，田忌负一场胜两场，赢得了千金赌注。此后田忌将孙膑推荐给齐威王，威王向孙膑请教兵法，认为他很有才干，把他当作老师。

　　后来，魏国攻打赵国，庞涓率领五百辆战车，把邯郸包围起来。赵国危急，向齐国求救。齐威王想任命孙膑为将，孙膑婉言推辞："受过刑的人不能为将。"于是任命田忌为大将，孙膑为军师，出谋策划。田忌想要带领军队到赵国去解围，孙膑说："魏国和赵国打仗，魏国轻装精锐的士兵必定全部集中在国外，老弱疲敝的士兵留在国内。您不如趁魏都空虚，率领部队迅速奔赴魏国都城大梁，占领要道，如此魏军一定会放弃围赵而回兵解救都城。这样我们既可解除赵国被围的局面，又可收到使魏国疲惫的效果。"田忌听从了孙膑的建议。魏国军队果然撤兵回国，和齐军在桂陵发生了激战，魏军大败。

　　十五年之后，魏国和赵国联合攻打韩国，韩国向齐国告急。这时齐威王已死了，齐宣王在位。孙膑说："如果任由魏国吞并韩国，魏国的国势将壮大。为齐国着想，不如先答应韩国，韩国知道有齐国来救，必定全力拒敌，等魏国疲劳了，我们再攻魏，这样一来，既保全了韩国，又消耗了魏国。"齐宣王拍手称妙。立即打发韩国使者回去，向韩哀侯禀报："齐国救兵马上就到。"韩哀侯大喜，指挥韩国将士拼死与魏军作战，前后五次交锋，韩国虽未取胜，但把魏兵杀得人困马乏。韩哀侯见齐国救兵还没有到，急派使者催促。齐宣王任田忌为大将，田婴为副将，孙膑为军师，带兵去援救韩国。田忌正要指挥大军向韩国进发，孙膑说："且慢！前番救赵，没有到赵国去，这次救韩，怎能往韩国去呢？"田忌问道："依你看怎么办？"孙膑说："解人之困，在于攻击敌军所必救的地方——进攻大梁。"田忌直奔大梁。魏国大将庞涓听到这一消息，立即撤兵回魏国。这时齐军已经越过魏国国境西进了。孙膑对田忌说："魏国的军队向来强悍勇猛，轻视齐国，齐军被视为胆小的军队。善用兵者可根

　　中华传统文化主题故事读本·勇毅果敢

据这一情势，因势利导。现在传令：齐军在进入魏地的第一天造十万灶，第二天减为五万灶，第三天减为三万灶。"庞涓在齐军后面追了三天，非常高兴地说："我本来就知道齐军怯弱，进入我国境内才三天，逃亡的士兵就超过半数了。"他丢下步兵，率领轻兵锐卒，日夜兼程追赶齐军。孙膑估算魏军的行程，当晚应赶到马陵。马陵道路狭窄，两边地形险要，正可以设伏。孙膑让人砍下大树，刮去树皮，在上面写着："庞涓死于此树之下！"接着命令一万名

弓弩手埋伏在马陵道两边，事先约好："晚上见到燃起火把就一齐射箭。"果然，庞涓当晚到了被砍的大树下，见到树干上有字，就取火把来照看。他还没有把上面的字读完，齐军就万箭齐发，魏军大乱。庞涓自知智谋穷尽，军队已败，便举剑自刎，临死前犹不甘心地说："这样一来，倒成就了孙膑这小子的名声！"齐军乘胜追击，彻底打败了魏军，俘虏了魏太子申。

毛遂自荐

战国时，秦军在长平一役中大胜赵军。秦军主将白起领兵乘胜追击，包围了赵国都城邯郸。

大敌当前，赵国形势万分危急。平原君赵胜，奉赵王之命，去楚国求兵解围。平原君把门客召集起来，欲挑选二十个文武全才一起去。经过挑选，最后还缺一人。这时，门下一个叫毛遂的人走上前来，向平原君自荐。平原君问："先生来到我门下几年了？"毛遂说："三年了。"平原君说："贤能的人处世，就好比锥子藏在口袋中，它的尖梢立即就要显露出来。您在我门下已经三年，我并没有听到左右对您的赞语，想必是因为先生没有什么才能的缘故。先生不能一道前往！"毛遂说："我不过是今天才请求进到口袋中罢了，如果我早就处在口袋中的话，就会像锥子那样，锋芒毕露。"平原君听后，答应带毛遂一道出行。

到了楚国，楚王只接见平原君一个人。两人坐在殿上，从早晨谈到中午，仍没有结果。这时，毛遂大步跨上台阶，大声说道："出兵的事，非利即害，非害即利，简单明白，为什么说了半天也不做决定呢？"楚王非常恼火，问平原君："这人是谁？"平原君答道："他叫毛遂，是我的门客！"
楚王喝道："赶紧退下！我和你主人说话，轮不着你插嘴！"毛遂见楚王
发怒，不但不退下，反而又走上几个台阶，手按宝剑，大声说："如今十
步之内，大王性命在我手中！"楚王见毛遂如此英勇，没有再呵斥他，
而是听毛遂怎么进言。毛遂就把出兵援赵有利楚国的道理，作了精辟的
分析。毛遂的一番话，说得楚王心悦诚服，答应马上出兵。不几天，楚、
魏等国联合出兵援赵，秦军撤退。

平原君回赵后，待毛遂为上宾。

赵武灵王胡服骑射

赵国的国君肃侯死后，他的儿子赵雍即位，就是赵武灵王。赵武灵王是一代英主，具雄才大略。一次，他乘战车外出打猎，看见一个胡人骑着马飞快地追一只鹿，扬手发出一箭，鹿应声倒下。赵武灵王望着那人背影，不禁暗暗喝彩："多么高超的箭术啊！"这时，赵武灵王的叔父公子成大喊一声："追！"前面的胡人发现后面的车队追来，便打马向灌木丛奔去。赵武灵王的车队还没有跑两里路，就有两辆战车翻倒在地。赵武灵王只好下令回去。这件事对赵武灵王触动很大。

当时中原各诸侯国的人们穿的都是宽袍大袖，军事装备多为笨重的战车，兵士也是重盔厚甲，行动起来非常不便。赵武灵王从胡人身上得到启发，便想在自己的国家里搞一番改革。他下令将服饰改为胡服短装，束皮带，用带钩，穿皮靴，不仅军队将士要改穿，上下臣民也都要改穿。

此举遭到了许多保守大臣的反对，赵国百姓也都不愿穿胡服。

赵武灵王的叔父公子成拒穿胡服，称病不朝。赵武灵王派使者去声明道理："家事听从父母，国政服从国君。现在我要人们改穿胡服，而叔父您不穿，我担心天下人会议论我徇私情。治理国家有一定章法，要以有利国家为根本；治理国家要施行政令，而推行政令必须从贵族近臣做起，所以我希望叔父您做出榜样。"公子成说道："中原地区受圣贤教化，采用礼乐制度，使远方国家前来学习，被周边地区的人效法。现在你却放弃这些，去仿效外族的服装，这是擅改古代传下来的礼制！"

赵武灵王亲自登门解释说："我国东面有齐国、中山国，北面有燕国、东胡，西面是楼烦，与秦、韩两国接壤。如今我们没有骑马射箭的训练，凭什么能守得住国门呢？先前中山国倚仗齐国的强兵，侵犯我们的领土，掠夺我们的人民，又引水围灌鄗城，鄗城几乎失守。此事先王深以为耻。我之所以决心改穿胡服，学习骑射，是想以此抵御四面的灾难，报中山国之仇。叔父您一味依循中原旧俗，反对改变服装，却忘记了鄗城的奇耻大辱，我对您深感失望！"公子成幡然醒悟，欣然从命。赵武灵王亲自赐给他胡服，第二天他便穿戴入朝。胡服令由此得以推行。赵武灵王广泛地招募能骑善射之士，很多少数民族的骑士都来投靠赵国，赵军上下开始学习骑射技术。不到一年，赵武灵王就训练出了一队训练有素的骑兵，取代了赵国的兵车。

公元前305年，赵武灵王以二十万之众攻中山国，分兵两路，赵武灵王总领南路大军，公子章为中军，先后攻下高邑、石邑、封龙、东垣四邑；北路由牛翦带领，先后攻取了丹丘、华阳牴之塞。最后，中山国以割让四邑求和，失去了四分之一国土。公元前303年起，赵国又连续进攻中山国，经五年连续打击，终于公元前299年攻破中山国国都灵寿，中山王逃亡齐国，中山国灭亡。

完璧归赵

赵惠文王时，赵国得到了楚国的和氏璧。秦昭王听说这件事后，派人给赵王送了一封信，说愿意用十五座城池换取和氏璧。赵王与大将军廉颇等商量：想把这块宝玉给秦国，又怕得不到秦国的城，白受欺骗；想不给吧，又担心秦兵打过来。主意拿不定，想找个可以派遣去回复秦国的人，一时又找不到。

宦官头目缪贤说："我的门客蔺相如可以担此重任。"赵王问："您根据什么知道他可以担此重任呢？"缪贤回答说："我曾经犯有罪过，打算逃到燕国去。蔺相如阻拦我说：'您凭什么知道燕王会收留您？'我告诉他，我曾跟随大王与燕王在边境相会，燕王私下握着我的手说'愿意交个朋友'，所以打算去他那里。蔺相如对我说：'如今赵国强，燕国弱，您又受赵王宠幸，所以燕王想跟您结交。现在您竟从赵国逃奔到燕国，燕王害怕赵国，一定不敢收留您，反而会把您捆绑起来送回赵国。您不如袒胸露臂，趴在斧锧上请罪，也许侥幸能得到赵王赦免。'我听从了他的意见，幸而大王赦免了我。所以我认为蔺相如是个勇士，又有智谋，应该是可以出使的。"

于是赵王召见了蔺相如,问他:"秦王打算用十五座城池换我的璧,可以给他吗?"蔺相如说:"秦国强大,赵国弱小,不能不答应他的要求。"赵王说:"拿走我的璧,不给我城,怎么办?"蔺相如说:"秦王用城换璧而赵国不答应,理亏的是赵国;赵国给秦王璧而他不给赵国城,理亏的是秦国。两者相较,宁可答应秦的请求而让它负理亏的责任。"赵王问:"可以派谁去呢?"蔺相如回答说:"大王若找不到人,我愿意出使秦国。城池给了赵国,就把璧留在秦国;城池不给赵国,我保证完整无缺地把和氏璧带回来。"赵王就派蔺相如带着和氏璧出使秦国。

秦王坐在章台宫接见蔺相如。蔺相如奉上和氏璧,秦王非常高兴,把和氏璧传给妃嫔及侍从看,群臣都高呼"万岁"。蔺相如看出秦王没有把城池给赵国的意思,就上前说:"璧上有点瑕疵,请让我指给大王看。"秦王把和氏璧交给蔺相如。蔺相如拿着和氏璧退了几步,背靠着柱子站住,怒发冲冠。他对秦王说:"大王想要得到和氏璧,派人送信给赵王,赵王召集所有大臣商议,都说:'秦国贪婪,倚仗国势强大,想用空话来求和氏璧,给赵国的城恐怕得不到。'都不打算给秦国和氏璧。但是我认为,平民交往尚且不相互欺骗,何况是大国之间呢!而且因为一块和氏璧而惹得强大的秦国不高兴,不值得。于是赵王斋戒了五天,派我捧着和氏璧,在朝堂上行过叩拜礼,亲自奉上国书。这是尊重大国表示敬意。现在我来到秦国,大王却在一般的宫殿里接见我,礼节傲慢;得到和氏璧后,又将它传给妃嫔们看,以此来戏弄我。我看大王无意补偿给赵国十五座城池,所以又把它取回来。大王如果一定要逼迫我,我现在就与和氏璧一起撞碎在柱子上!"

秦王怕他撞碎和氏璧,连忙婉言道歉,并召唤负责的官吏查看地图,指示要划归赵国的十五座城池。

蔺相如估计秦王是在使诈，就对秦王说："和氏璧是天下公认的宝物，赵王敬畏大王，不敢不献出来。赵王送和氏璧的时候，斋戒了五天。现在大王也应斋戒五天，在朝堂上安设九宾之礼，我才敢献上和氏璧。"秦王答应了，把蔺相如安置在广成馆。蔺相如估计秦王虽然答应斋戒，但必定会违背信约，不把城池补偿给赵国，就打发他的随从怀揣和氏璧，从小道逃回了赵国。

秦王斋戒五天后，在朝堂上设了九宾之礼，延请蔺相如。蔺相如来到，对秦王说："秦国自从秦穆公以来的二十多位国君，不曾有一位是守约的。我实在怕受大王欺骗而对不起赵国，所以派人拿着和氏璧回赵国了。凭借秦国的强大，先割十五座城给赵国，赵国怎么敢留着和氏璧而得罪大王呢？我知道欺骗大王的罪该处死，我请求受汤镬之刑。"

秦王和大臣们面面相觑。秦王说："现在就算杀了蔺相如，也终究不能得到和氏璧，反而断绝了秦、赵的友好关系。不如好好招待他，让他回邯郸去。难道赵王会因为一块璧的缘故而欺骗秦国吗？"

蔺相如回国以后，赵王因他出使而不受辱，极是贤能，任命他做了上大夫。此后秦国没有给赵国城池，赵国也没有把和氏璧给秦国。

李牧是赵国镇守北部边境的优秀将领，常年驻扎在代地雁门郡。根据实战需要，他设置官吏僚属，当地市租全部交入幕府，作为军费。他厚待战士，每天宰杀数头牛犒劳士卒。他注意提高战斗能力，每天训练士卒骑射。他有严格的防守措施，选派人员侦探敌情，随时发出报警信号。他和军民约定："一旦匈奴入侵，未得出击号令，一律速将人马物资全部退入堡垒固守，不得轻易出击。"匈奴每次入侵，烽火台马上举烽火报警，战士们随即进入营垒防守，不去应战。这样坚持数年，军队无任何伤亡损失，形成了一支装备精良且素质极高的边防军。但匈奴却以为李牧胆怯，军卒中也有人议论："我们的将军胆小怕事。"

赵王闻言，便责备李牧。李牧不予理睬。此举激怒了赵王，他将李牧召回，另派将领代他之职。新将领守边一年多，匈奴一入侵，便带兵出战。出战多数失利，损失伤亡很重，边民不能进行正常的耕种和放牧。赵王只好再请李牧出守，李牧称病谢绝。赵王再三勉强，李牧才说："大王一定要用我的话，须让我像以前那样做，

我才敢接受命令。"赵王答应了。

李牧到达边境，按照原来的法规、号令办事，匈奴又好几年一无所得，但是人们始终认为李牧胆怯，守边士兵都希望与匈奴一战。这时，李牧挑选兵车一千三百辆，精选战马一万三千匹，还有曾经获得百金奖赏的勇士五万人，能拉硬弓的优秀射手十万人，进行军事演习。训练完成后，李牧大力组织放牧，让军民布满山野。匈奴派出小股兵力入侵，李牧部众假装败逃，丢下几千人给匈奴。匈奴单于听到这个消息，率领大批军队入侵。正当匈奴主力部队全部进入赵军阵地之时，忽听军营四周号角齐鸣，喊杀声四起，只见无数的赵军步骑兵似从天而降，将匈奴军分割成几队，逐个围歼，斩杀匈奴十几万人马。接着李牧指挥将士一鼓作气，消灭襜褴部，打败东胡部，迫使林胡部投降，单于逃跑。这一战打得匈奴主力几乎全军覆没，几年难以恢复元气。以后的十几年，匈奴都不敢接近赵国边境。

秦国攻打赵国，赵国向楚国和魏国求援。魏安釐王派大将晋鄙率兵救赵国。秦昭襄王一听到魏、楚两国发兵，亲自跑到邯郸去督战。他派人对魏安釐王说："邯郸早晚得被秦国打下来，谁敢去救，等我灭了赵国，就攻打谁。"魏安釐王被唬住了，连忙派人传令晋鄙就地安营。晋鄙遂将十万兵马驻扎在邺城，按兵不动。

赵国派使者向魏国催促进兵。魏安釐王想要进兵，怕得罪秦国；不进兵吧，又怕得罪赵国，进退两难。赵孝成王十分着急，叫平原君给魏国公子信陵君魏无忌写信求救。原来平原君的夫人是信陵君的姐姐，两家是亲戚。信陵君接到信，三番五次地央告魏安釐王命令晋鄙进兵，魏王说什么也不答应。信陵君没有办法，对门客说："大王不愿意进兵，我决定自己上赵国去，要死也跟他们死在一起。"

信陵君有个最尊敬的朋友，叫侯嬴。信陵君去跟他告别。侯嬴说："你们这样去，无异于羊入虎口，白白送死。"他悄悄对信陵君说："大王最宠爱如姬，对不对？"信陵君点头称是。侯嬴接着说："听说兵符藏在大王的卧室里，只有如姬能把它拿到手。当初如姬的父亲被人害死，是公子叫门客找到那仇人，替如姬报了仇，如姬为此非常感激公子。如果公子请如姬把兵符盗出来，她一定会答应。公子拿到兵符，去接管晋鄙的兵权，就能带兵和秦国作战了。"

信陵君听了，如梦初醒。他马上派人去跟如姬商量，如姬一口答应。当天夜里，乘魏王睡熟，如姬果然把兵符盗了出来，交给一个心腹，送到信陵君那儿。

信陵君拿到兵符，再次向侯嬴告别。侯嬴说："将在外，君命有所不受。万一晋鄙接到兵符，不把兵权交给您，您打算怎么办？"信陵君一愣，皱着眉头答不出来。

侯嬴说："我已经为公子考虑好了。我的朋友朱亥是魏国数一数二的大力士，公子可以带他去。要是晋鄙能痛痛快快地把兵权交出来最好；要是他推三阻四，就让朱亥来对付他。"

信陵君到邺城见到晋鄙，假传魏王之令，要晋鄙交出兵权。晋鄙验过兵符，却仍旧有点怀疑，说："这是军机大事，我还要再奏明大王，才能够照办。"晋鄙话音刚落，朱亥就大喝一声："你不听大王命令，想反叛吗？"说完就从袖子里拿出一个四十斤重的大铁锥，向晋鄙劈头盖脸砸过去，结果了他的性命。

信陵君挑选了八万精兵，出发去救邯郸。他亲自指挥将士向秦国的兵营冲杀。秦将王龁没防备魏国的军队会突然进攻，手忙脚乱地抵抗了一阵，渐渐支持不住了。邯郸城里的平原君见魏国救兵来到，也带着赵国的军队杀了出来。两下夹攻，打得秦军像山崩似的败退。

信陵君成功解了邯郸之围，保全了赵国。赵孝成王和平原君十分感激，亲自到城外迎接他。

秦王嬴政重用尉缭，一心要统一中原，不断向各国进攻。他拆散了燕国和赵国的联盟，使燕国丢掉了好几座城。

燕国的太子丹原来留在秦国当人质，后找寻机会偷偷地逃回燕国。他恨透了秦国，一心想要报仇，把希望寄托在刺客身上。他把家产全部拿出来，找寻能刺秦王的人。

后来，太子丹请到了一个有胆量、有本领的勇士，名叫荆轲。他把荆轲收在门下，奉为上宾。

公元前 230 年，秦国灭了韩国。两年后，秦国大将王翦占领了赵国都城邯郸，一直向北进军，逼近燕国。燕太子丹十分焦急，他找来荆轲，对他说："拿兵力去对付秦国，简直像拿鸡蛋去砸石头；要联合各国合纵抗秦，看来也办不到了。我想派一位勇士，打扮成使者去见秦王，挨近秦王，逼他退还诸侯的土地。秦王要是答应最好，要是不答应，就把他刺死。您看行不行？"

荆轲说："行是行，但要挨近秦王，必定得先让他相信我们是向他求和去的。听说秦王早想得到燕国最肥沃的土地督亢，还有现在流亡在燕国的秦国将军樊於期，秦王正在悬赏缉拿他。我要是能拿着樊将军的头和督亢的地图去献给秦王，他一定会接见我。这样，我就可以对付他了。"

太子丹感到很为难，说："督亢的地图好办，但樊将军受秦国迫害而来投奔我，我怎么忍心伤害他呢？"

荆轲知道太子不忍心，于是私下会见了樊於期，说："听说将军的父亲、母亲和同族都被杀死或沦为官奴，秦王还用一千斤金子和一万户人口的封地作奖赏欲求将军的首级，您准备怎么办？"樊将军仰天长叹，泪流满面："我虽恨之入骨，却苦无对策。"荆轲说："现在有一个办法，可以解除燕国之患，并报将军深仇大恨。"樊於期追问道："什么办法？"荆轲说："如果我能得到樊将军的首级去献给秦国，秦王一定会高兴地接见我，我就有机会刺杀他了。如此，将军的仇报了，燕国的耻辱也雪了。不知将军是否愿意？"樊於期二话不说就拔出宝剑自刎了。

太子丹听说后，抚尸大哭，非常悲伤。但事已至此，已无可挽回，

于是将樊於期的首级收拾好，装在匣子中。

太子丹事前准备了一把锋利的匕首，叫工匠用毒药煮炼过，见血封喉。他把这把匕首交给荆轲，又派了个年仅十三岁的勇士秦舞阳做荆轲的副手。

公元前227年，荆轲从燕国出发到咸阳去。太子丹

与众宾客穿上白衣白帽，到易水边送别。临行，荆轲慷慨而歌："风萧萧兮易水寒，壮士一去兮不复还！"

秦王一听燕国派使者把樊於期的头颅和督亢的地图都送来了，十分高兴，在咸阳宫接见了荆轲。荆轲捧着装了樊於期头颅的盒子，秦舞阳捧着督亢的地图，一步步走上台阶。秦舞阳一见秦国朝堂异常威严，害怕得发起抖来。左右侍卫一见，厉声问道："使者为何发抖？"荆轲回头一瞧，见秦舞阳的脸果然又青又白，就赔笑对秦王说："他还是个孩子，从来没见过大王的威严，免不了有点害怕，请大王原谅。"秦王说："叫秦舞阳把地图给你，你一个人上来吧。"荆轲从秦舞阳手里接过地图，捧着木匣上去，献给秦王。秦王打开木匣一看，果然是樊於期的头颅。又叫荆轲拿地图来。荆轲把地图慢慢打开，到地图全都打开时，预先卷在地图里的匕首就露出来了。荆轲用右手一把抓起匕首，左手拉住秦王的袖子，向秦王胸口直刺过去。秦王使劲向后一转身，将袖子挣断了。荆轲拿着匕首就追，秦王绕着朝堂上的大柱子跑，荆轲紧追不舍。此时旁边虽有许多官员，但是都手无寸铁；台阶下虽有武士，但按规矩，没有秦王的命令是不准上殿的。秦王的医官急中生智，拿起手里的药袋对准荆轲扔了过去。荆轲伸手一挡，那只药袋就飞到一边去了。就在这一眨眼的工夫，秦王往前一步，拔出宝剑，砍断了荆轲的左腿。荆轲站立不住，倒在地上，将匕首直向秦王扔过去。秦王往右边一闪，那把匕首从他耳边飞过。见荆轲手里没有了武器，秦王立即上前奋力砍了几剑。

这时候，台阶下的武士一起赶上殿来，杀死了荆轲。台阶下的秦舞阳，也早就被武士们杀死了。

王翦破楚

王翦是颍阳东乡人。少年时喜欢兵法，成人后侍奉秦王。

秦将李信，年轻气盛，英勇威武，曾经带着几千士兵在衍水捉到燕太子丹。秦始皇二十一年（前226），秦王想一举消灭楚国，询问李信："我想攻取楚国，将军估计需要多少兵马？"李信说："二十万人就足够了。"秦王又去问王翦，王翦回答："非要六十万人的军队不可。"秦王说："王将军看来是老了啊！"于是秦王派李信、蒙恬率领二十万兵士进攻楚国。王翦托病辞官回乡。

第二年，李信攻占鄢都后，率军向西进发，与蒙恬军在城父会师。楚军紧跟在秦军之后，寻机大败李信军队，攻入秦军两座营垒，杀死七个都尉。李信仓皇逃回秦国。

为挽回败局，秦始皇只好亲自到王翦的家乡颍阳，请王翦出山，秦王答应王翦可以按照自己的想法制订攻楚大计。

于是，王翦统率六十万人去攻打楚国。秦始皇二十三年（前224），王翦侵占了陈县以南直至平舆邑的土地。楚国人听说王翦增加兵力来进攻，动用全国兵力予以抵抗，王翦却坚守营垒，并不跟楚军作战。楚军多次挑战，王翦军始终不出。王翦每天休养士卒，与士卒同进食，以此安抚他们。过了一段时间，王翦询问军中兵士都在做些什么，回答说："正在玩投石的游戏，个个精力充沛，跃跃欲试！"王翦说："时机已到，可以作战了！"于是下令进击楚军，楚军没有防备，大败。秦军追至蕲县，取了楚国将军项燕的首级，大获全胜。

破釜沉舟

　　秦二世二年（前208）九月，秦军上将军章邯灭反秦义军首领项梁后，认为楚地已不足虑，于是渡过黄河，汇合前来增援的王离军二十万一起攻打赵国，大败赵军。

　　无奈之下，赵王派使者向楚怀王以及各国诸侯求援。楚怀王阵营兵分两路，一路以卿子冠军宋义为上将军，鲁公项羽为次将，亚父范增为末将，率军数万北上以解巨鹿之困；另一路以沛公刘邦为主帅，进攻关中。楚怀王许诺：谁先攻下关中，就封谁为关中王。

　　且说宋义率领大军由彭城出发，将士们休整了几个月，听说要去和秦军的主力拼杀，一个个摩拳擦掌，斗志昂扬。但宋义却是一个胆小怕事、自私自利的小人，他用甜言蜜语取得怀王的信任，骗取了兵权，却根本就不想到城下和秦军拼命。走到安阳时，他便号令全军原地休息，这一住就是四十多天，他自己每天在大帐中饮酒作乐，从不提出兵援赵之事。项羽实在忍耐不住，便来见宋义："救兵如救火。现在赵王危险，我们应该立即率兵渡过黄河，与赵王来个里应外合，一定能够大败秦军！"宋义斜眼看了项羽一下，慢吞吞地说："你哪里懂得兵法的妙用！我们的目标是消灭秦军，我的主意是先让秦赵拼个你死我活，我们就可以坐收渔翁之利。在战场上冲锋打仗我比不上你，要说出谋划策，你比我可就差远了。"项羽强压怒火，气呼呼地走出了军帐。

宋义冲着他的背影冷笑着，随即起草了一道命令："谁要是不服从命令，一概砍头。"这显然是冲着项羽来的。

项羽怎么能咽下这口气？一天早晨，他全副武装，大步跨进宋义军帐，再次要求立即出兵救赵。宋义大发雷霆，喊道："我的军令已下，难道你要以头试令吗？"项羽大吼一声："我要借头发令！"宋义本是个草包，顿时吓得瘫成一团，项羽一剑斩下他的脑袋。将士们听说杀了宋义，都立刻表示愿意服从项羽的指挥，并拥立项羽代理上将军一职。

项羽担任主帅后，下令士兵每人带足三天的口粮，砸碎全部行军做饭用的锅。将士们面面相觑，不明所以。项羽说："没有锅，我们可以轻装前去，立即挽救危在旦夕的赵国！至于吃饭嘛，让我们到章邯军营中取锅做饭吧！"大军渡过漳河，项羽又命令士兵把渡船全都砸沉，同时烧掉所有的行军帐篷。将士们一看退路没了，这场仗如果打不赢，就谁也活不成。

项羽指挥楚军很快包围了王离的军队，同秦军展开了九次激烈的战斗，楚军兵士无不以一当十，个个都奋勇拼杀，越战越猛，直杀得山摇地动，血流成河。最后，楚军终于以少胜多，大败秦军，杀死了秦将苏角，俘虏了王离，涉间亦被打得走投无路，自焚而死，章邯带着残兵败将撤退。后退了几十里后，章邯派人到咸阳去求援兵，但此时赵高正忙着夺位，无心派援，走投无路之下，章邯只好投降。

巨鹿之战，基本摧毁了秦军的主力，扭转了整个战局，奠定了反秦斗争胜利的基础，经此一战，秦朝已名存实亡。

明修栈道，暗渡陈仓

秦朝末年，政治腐败，群雄并起，纷纷反秦。刘邦的部队率先进入关中，攻进咸阳。势力强大的项羽进入关中后，逼迫刘邦退出关中。鸿门宴上，刘邦险些丧命。分封权力都在项羽一人之手，他随即与谋士范增等商议分封办法。其他将领都容易封赏，只有刘邦，项羽觉得难办。范增说："巴、蜀地区道路险阻，就封他汉王吧，让他易进难出。"接着，他们又将秦地关中分为三个部分封给了秦的降将，咸阳以西封给章邯，为雍王；咸阳以东封给司马欣，为塞王；上郡封给董翳，为翟王，此称三秦。其目的是堵住刘邦东归之路。当时通往汉中只有一条路，而且沿途山高谷深，坡陡林密，大部分是用木板筑成的栈道，只能一人一马依次通过。为了麻痹项羽，张良劝刘邦待人马过后，将汉中通往关中的栈道全部烧毁，表示不再返回关中。

事实上，刘邦一天也没有忘记一定要打败项羽，争夺天下。公元前206年，刘邦已逐步强大起来，问韩信："栈道已毁，如果出兵，你可有计策？"韩信说："有一条小路可直通陈仓。咱们表面上修栈道，暗中从陈仓出兵，出其不意，三秦唾手可得。"刘邦大笑道："将军所说，与张良相同，真是英雄所见略同。"于是就派樊哙、周勃带士兵去修复被烧毁的栈道，后又悄悄调回周勃，派他偕同韩信统帅大军。

公元前 206 年 8 月，刘邦率军离开南郑，出褒中沿着古道挺进。雍王章邯对西边未加防范，汉军神不知鬼不觉地渡过了渭水，以迅雷不及掩耳之势，直扑陈仓。

陈仓守军毫无准备，汉军乘胜进攻雍城，雍城守将派探马赶紧报告章邯。章邯大惊失色，忙问："栈道什么时候修好的？"探马说："汉军没有走栈道，他们从西边古道绕行北上，已到陈仓了。"章邯本是秦将，对关中地形十分熟悉。渭水已被汉军突破，陈仓失守，西边一路无险可据。他知道形势逼人，连忙率军迎战。章邯与汉军在雍城一带展开厮杀。汉军气势高涨，将章邯打得大败，章邯只得逃到好畤城。好畤城是章邯儿子章平的驻地。章邯嘱咐章平坚守城池，牵制汉军，自己却逃回都城废丘。汉军又把好畤城围住，章平不敢出战，只是坚守。汉军两日没有攻下。樊哙一时性起，左手拿盾，右手持剑，冒着箭石，毫无惧色，登上云梯率先攻上城头。汉军见状，蜂拥而上，杀退守军，打开城门。章平弃城逃走。韩信命樊哙、周勃和灌婴直捣咸阳。咸阳守将闻风丧胆，不等汉军到达，就弃城而逃了。韩信攻破了栎阳（塞王都城）和高奴（翟王都城），决定攻取章邯的都城废丘。废丘面临渭水，根据地势，应以水攻。韩信命令樊哙等将领，限期完成截流蓄水。这时章平已逃到废丘，协助父亲守城。但没过几天，渭水奔涌而来，水势滔天，淹了废丘城，章邯父子急忙跑出王府，就这样，汉军不费一兵一卒就拿下了废丘。

依靠明修栈道，暗渡陈仓的计策，汉军一举打败章邯，平定三秦，为刘邦统一中原迈出了决定性的一步。

　　田横是战国时期齐国王族的后裔，与其兄田儋、田荣等人在陈胜起义之后，杀掉狄县县令，举兵反秦，很快恢复了齐国故土，田儋自立为齐王。后来田儋在与章邯的战斗中战死，田荣、田横又立田儋之子田市为王，田横为将，田荣为相。

　　项羽灭秦之后，没有分封田荣为王。田荣认为项羽不公平，便起兵夺取了三齐之地，自立为齐王。项羽伐齐，田荣被杀，田横又收集残卒与楚军周旋，后乘楚汉相争之机，占领全部齐国故地。为了收揽民心，田横立田荣之子田广为齐王，自任相国。

　　公元前204年年底，刘邦派郦食其出使齐国，劝说田广和田横归汉，本已达成协议，却遭到韩信突袭，田横一怒之下，烹杀郦食其，而后和楚军联合猛烈反击汉军。后来田广战死，田横自立为齐王。刘邦称帝后，田横就率领五百名壮士逃到了海岛上，以捕鱼田猎为生。

　　刘邦知道田横兄弟在齐地有着较大的影响力，只有收服田横等人，才能够真正控制齐地，于是就派出特使带着大赦令，到海岛去宣召田横来洛阳。田横料想自己到洛阳后不会有什么好结果，就对使者说："我曾烹杀郦食其，已经得罪过汉王；现在听说郦食其的弟弟郦商在朝中为官，深得皇上宠爱，他决不会放过我，所以我不敢遵命。请替我拜谢皇上美意，就允许我做个普通百姓，隐居在这荒岛上吧。"

使者把田横的话转奏刘邦，刘邦想想也有道理，就把郦商找来，对他说："齐王田横不久要来洛阳，有人要是敢动他们一根汗毛，我灭他全族。"而后再派特使告诉田横："若来洛阳，大者封王，小者封侯；若不来，就发兵剿灭。"

田横明白，如果继续拒绝，激怒刘邦，五百多名壮士及其家小族人都要遭殃，便不顾部下的反对，只带了两名随从随使者去往洛阳。行至距洛阳三十里的尸乡驿站时，田横住了下来，对使者说："见皇上之前应该沐浴，请允许我在此沐浴之后再去见皇上。"

支开使者以后，田横对两个随从说："我和汉王原来都是王，二人平起平坐，现在汉王做了天子，我要对他俯首称臣，这是人生中最大的耻辱。此外，我杀了郦食其，却要和郦食其的弟弟同朝做官，即使郦商慑于天子权威，不敢报复我，我内心能不感到惭愧吗？再说，皇上之所以要见我，并不是真心要封我为官，不过是想看看我长什么样而已。洛阳距此不过三十里，现在砍下我的脑袋送到洛阳，颜色不会改变，皇上还能看到我的真面目。"说完即挥剑自刎。两名随从只好按照田横遗嘱，割下他首级，快马加鞭送到洛阳宫中。

刘邦看着田横的头颅，一则以喜，一则以叹，喜的是心中的隐患终于消除，叹的是田横宁死不屈的刚烈之气。刘邦传令为田横送丧，按王礼厚葬，拜田横的两名随从为都尉。谁料，葬礼刚刚结束，那两名随从便在田横坟旁各自挖了一个坑，同时自杀，随田横而去。

刘邦知道后，愈加震惊，知道田横手下也都是了不起的忠义之士，对留在岛上的五百人就更加不放心了，急派特使召他们来洛阳。五百壮士见田横没有回来，为探个究竟，一起来到洛阳，才知道田横和两名随从均已自杀。五百壮士悲痛欲绝，到田横坟前祭拜之后，全部自尽。

栾布哭彭越

刘邦一统天下后，开始诛杀功臣，有人诬告彭越谋反，刘邦便将彭越剁成了肉酱，并诛其三族，之后还把彭越的头悬挂在洛阳城门下示众，并且下令："有敢来收尸或哭泣的，就立即逮捕他。"

命令下达后，栾布却毫不顾忌地在彭越的脑袋下面边祭祀边哭泣。官吏立即将他扭送到刘邦面前，刘邦怒不可遏地骂道："我禁令任何人收尸，你却偏偏要祭彭越哭彭越，那你同他一起谋反已经很清楚了。赶快把他烹杀了！"左右的人抬起栾布走向汤镬，栾布回头说："希望能让我说一句话再死。"刘邦说："说什么？"栾布说："当陛下被困彭城，兵败于荥阳、成皋一带的时候，项王之所以不能顺利西进，就是因为彭王据守着梁地，与汉军联合牵制楚军。那个时候，只要彭王调头一走，跟楚联合，汉就失败；跟汉联合，楚就失败。再说垓下之战，若没有彭王，项羽也不会灭亡。现在天下已经安定，陛下仅仅为了到梁国征兵，彭王因病不能前来，就产生怀疑，认为他要谋反，诛灭其家族，我担心有功之臣人人自危。"刘邦闻言，沉思一番，就赦免了栾布的罪过，任命他做了都尉。

卫青，字仲卿，河东平阳人。西汉名将，汉武帝第二任皇后卫子夫的弟弟，汉武帝在位时官至大司马大将军，封长平侯。

公元前129年，匈奴兴兵南下直指上谷，汉武帝果断地任命卫青为车骑将军，迎击匈奴。这次用兵，汉武帝分派四路出击。车骑将军卫青出上谷、骑将军公孙敖从代郡、轻车将军公孙贺从云中、骁骑将军李广从雁门出兵，各率一万骑兵。卫青果敢冷静，出其不意地深入险境，直捣匈奴祭天圣地龙城，俘虏近千人。另外三路，两路失败，一路无功而返。汉武帝遂封卫青为关内侯。

公元前124年，卫青率领骑兵三万，追击匈奴到长城外。匈奴右贤王以为汉军还离得很远，一点也没防备，在兵营里饮酒作乐，喝得酩酊大醉。卫青在夜色的掩护下，急行六七百里，包围了右贤王部。汉兵从四面八方冲进匈奴营地，打得匈奴部队四面逃窜，乱成一团。右贤王未及抵抗，带着他的几百个亲信逃走了。这一仗，俘获匈奴人一万五千余，其中小王十多人，右贤王几近全军覆没，这对匈奴单于是一个很大的打击。

匈奴单于采纳汉降臣赵信的建议，远走沙漠以北。为了彻底击溃匈奴主力，汉武帝集中全国的财力、物力，准备发动对匈奴的第三次大战役。元狩四年（前119）春，汉武帝以十四万匹战马和五十万步卒作为后勤补给兵团，授与卫青、霍去病各五万骑兵，兵分两路，跨漠长征出击匈奴。

汉军原计划由霍去病先选精兵攻击单于主力，卫青打击左贤王。后从俘获的匈奴兵口中得知伊稚斜单于在东方，于是改议两军对调出塞线路，霍去病东出代郡，卫青西出定襄。不料卫青大军出塞一千多里，却与以逸待劳的匈奴单于主力遭遇了。卫青麾下，李广为前将军，公孙贺为左将军，赵食其为右将军，曹襄为后将军。卫青让李广与赵食其两军合并，从右翼进行包抄，卫青自率左将军公孙贺、后将军曹襄从正面对抗单于主力，但李广、赵食其部却因迷路失期，始终未赶来支援。

面对以弱对强、以少对多的逆境，卫青命部队用武刚车（铁甲兵车）迅速环结成阵，而后派五千骑兵配合军阵向敌阵冲锋。匈奴出动一万多骑兵迎战。双方激战至黄昏时，刮起暴风，尘土滚滚，沙砾扑面，两军互不能见。卫青抓住战机，派出两支生力军，从左右两翼迂回到单于背后，包围了单于大营。伊稚斜见势不妙，乘六匹骡马与数百随从突围逃跑，群龙无首的匈奴军也随之溃散逃命。卫青大军乘夜挺进，天亮时，追袭二百余里，一直前进到真颜山赵信城，获得了匈奴屯积的粮草，补给整编一日后将其彻底烧毁，胜利班师。

汉黯为民请愿

汲黯，西汉名臣，字长孺，濮阳人。汲黯为人耿直，好直谏廷诤，汉武帝称其为"社稷之臣"。

河内郡发生火灾，烧及一千余户，汉武帝派汲黯去视察。他回来报告说："一户人家不慎失火，由于住房密集，火势便蔓延开去，不必多忧。我路过河南郡时，眼见当地贫民饱受水旱灾害之苦，灾民多达万余家，百姓竟至于父子相食，我就凭所持的符节，下令发放了河南郡官仓的储粮，赈济当地灾民。我假传圣旨，请皇上责罚。"汉武帝赦他无罪，调任他为荥阳县令。

时隔不久，匈奴浑邪王率部众降汉，朝廷征发两万车辆前去接运。官府无钱，便向百姓借马，有人把马藏了起来，所需马匹无法凑齐。汉武帝大怒，要杀长安县令。汲黯说："长安县令没有罪，还是杀了我吧，这样百姓就肯献出马匹了。况且匈奴将领背叛他们的君主来投降，朝廷可以让沿途各县准备车马把他们次第接运过来，何至于让全国人民疲于奔命地去侍奉那些匈奴的降兵降将呢！"汉武帝沉默不语。

及浑邪王率部到来，因与匈奴人做买卖而被判处死罪的商人有五百多人。汲黯在未央宫的高门殿参见汉武帝，他说："匈奴攻打我们的要塞，断绝和亲，征战中我国战死疆场者与伤员数不胜数，耗资数以百亿计。浑邪王率领几万部众前来归降，陛下不该倾尽官家府库的财物赏赐他们，征调老实本分的百姓去伺候他们，把他们捧得如同宠儿一般。普通百姓哪里懂得允许匈奴人购买自己的货物，就会被死抠法律条文的执法官视为非法走私呢？陛下不能缴获匈奴的物资来慰劳天下人，还要用苛严的法令杀戮五百多名无知的老百姓，这就是所谓'保护树叶而损害树枝'的做法，我以为不可取。"

汉武帝听后沉默不语。事后数月，汲黯因犯小法被判罪，适逢汉武帝大赦，他仅被免官，于是趁机归隐田园。

汉武帝即位初年，征召天下贤良方正和有文学才能之士，于是各地士人、儒生纷纷上书应聘。东方朔写了三千片竹简的自荐书，武帝读后认为东方朔气概不凡，便命令他在公车署中等待召见。

公车令奉禄微薄，又始终未得汉武帝召见，东方朔很是不满。为了尽快得到汉武帝的召见，东方朔故意吓唬给汉武帝养马的几个侏儒："皇帝说你们这些人既不能种田，又不能打仗，更没有治国安邦的才能，对国家毫无益处，因此打算杀掉你们，你们还不赶紧去向皇帝求情！"侏儒们听后大为惶恐，哭着向汉武帝求饶。汉武帝问明原委，即召来东方朔责问。东方朔终于有了一个直接面对皇帝的机会，他风趣地说："我是不得已才这样做的。侏儒身高三尺，我身高九尺，然而我与侏儒所赚奉禄却一样多，总不能撑死他们而饿死小臣吧！"汉武帝听后捧腹大笑，于是命令他在金马门待诏，稍得亲近武帝。

东方朔做常侍郎的时候，一次汉武帝在伏天赐肉，然而负责分肉的太官丞却迟迟未来。东方朔等不及，便拔剑割肉，并对他的同僚们说："伏天应当早点回家，请允许我接受天子的赏赐。"随即把肉包好怀揣着离去。太官丞将此事上奏给汉武帝，武帝便问东方朔："昨天赐肉，你不等诏令下达就用剑割走了肉，为什么？先生是否应自责？"东方朔再拜谢道："东方朔呀东方朔呀！接受赏赐却不等诏令下达，多么无礼！拔剑割肉，多么豪壮！割肉不多，多么廉洁！回家送肉给妻儿吃，多么仁爱！"汉武帝听罢笑道："让先生自责，没想到你竟称赞起自己来了！"于是又赐给他一石酒、一百斤肉，让他回家给妻儿。

汉武帝曾在他姑姑窦太主家中摆设酒宴。窦太主把她宠幸的珠宝商人董偃引荐给汉武帝。汉武帝见董偃聪明伶俐，模样俊秀，十分喜欢，就赏给他衣帽，让他陪侍饮酒，还口口声声称他为"主人翁"。从此，董偃深得汉武帝宠幸，经常陪着汉武帝骑马打猎，参加玩斗鸡、赛狗、踢球等各种游戏。

有一天，汉武帝在宣室摆下酒宴款待窦太主，召董偃前来陪侍。这时，东方朔正拿着长戟站在殿下警卫。他放下戟，走到武帝面前说："董偃犯有三条死罪，应当斩首，怎么能让他进来！以臣子的身份私自伺候公主，是第一条罪状；败坏男女风化，扰乱婚姻礼法，是第二条罪状；陛下年轻有为，正努力学习六经等儒家经典，董偃不遵循经书教诲劝勉陛下学习，却追求靡丽奢侈，尽情地享受斗狗赛马的欢乐，是败坏国家的大贼，迷惑君主的小人，这是董偃的第三条罪状。"刘彻沉默不语，过了好一会儿才说："我已经设下酒宴，这次就算了，下不为例。"东方朔正色道："宣室是先帝处理朝政的地方，怎么能让他这种人进来呢？淫乱开了头，就会酿成篡位的大祸。当年齐桓公因信用竖貂和易牙，齐国遭受祸乱；庆父死后，鲁国才得到保全，不正是这个道理吗？"武帝闻言惊醒，吩咐人将酒宴移到北宫，领着董偃从东司马门入宫。从此以后，董偃逐渐失宠。

汉武帝身边的郎官多认为东方朔是疯子，武帝则认为东方朔若是不行荒唐之事，身边的郎官没有人能比得上他。东方朔自己则说："像我这样的人，就是所谓隐居在朝廷中的人。"

东方朔临终前规劝武帝说："《诗经》上说：'营营青蝇，止于樊，岂弟君子，无信谗言。营营青蝇，止于棘，谗人罔极，交乱四国。'希望陛下远离巧言谄媚的人，斥退他们的谗言。"武帝没想到东方朔说话竟突然如此正经。过了不久，东方朔便生病去世了。

龚胜绝食

王莽篡位后，开始大肆收买人心，起用那些比较有威望的人。老臣龚胜口碑非常好，于是王莽派使者带着诏书、官印来到龚胜的家乡彭城，希望能够请他出山。

早在王莽篡位以前，龚胜就一直称病在家。使者到达龚胜的家乡后，马上当众宣布了王莽任命龚胜做师友祭酒的事情。接着，使者又找来了彭城的郡太守、县令、县丞、郡县的三老、所有下属的官员以及在县乡中有头有脸的士绅、儒生等共一千多人，带着他们一起到龚胜的府邸送诏书。

使者满心以为，如此兴师动众地请龚胜，他总不会不给面子的；况且，这是封官，是很多人做梦都想得到的，龚胜不会不识抬举。因此，当大队人马来到龚胜府邸时，使者并没有"屈尊"进入龚府，而是站在门口等着龚胜出来迎接。

可是使者想错了，龚胜还真是"不识抬举"。龚胜派家人出来对使者说，自己病得太严重，没法出来迎接。使者碰了一鼻子灰，只好忍气吞声，捧着诏书来见龚胜。

这一见可不打紧，把使者吓了一跳。原来，龚胜真是病得不轻，只见他有气无力地躺在榻上，脸上一点血色都没有。

　　使者说明来意后，龚胜抬了抬眼皮，有气无力地说："劳烦使者回去禀报皇上，就说老朽愚昧，不能担当重任。况且，老朽年纪大了，身体又非常不好，实在是有心无力啊！"

　　使者回京复命时，为免受责罚，谎称龚胜是因有病在身加之天气炎热所以无法动身，待天凉后即可赴京受命。自此，使者每隔五天就和郡太守一起去看望龚胜，希望他能早日答应入朝做官。

　　龚胜知道，不管自己怎么推辞，王莽恐怕都不会放过自己。于是，他把儿子和学生高晖等人叫到跟前，对他们说："我龚胜虽然不才，但也知道什么叫做道德廉耻。我受汉王朝厚恩，无以报答，又怎么可以再去侍奉另一位君王呢？如果我真的那样做了，还有什么脸面去见地下的故主啊！"

　　接着，龚胜吩咐他们为自己准备后事。十四天后，龚胜绝食而死，终年七十九岁。

耿弇『有志者事竟成』

　　西汉末年的耿弇，从小就认真学习兵书，演练武艺，立志要为国家效力。新莽天凤年间，十股大小农民军纷纷揭竿而起，大批豪强地主也乘势开始倒莽，顿时，海内分崩，天下大乱。年方二十一岁的耿弇听说刘秀在卢奴，就北上投奔到刘秀麾下，被任命为门下吏。耿弇请求回上谷发兵攻取邯郸，刘秀笑道："小小年纪竟有如此大志！"

　　建武元年（25），刘秀称帝。耿弇因英勇善战，足智多谋，屡建战功，被拜为建威大将军，封好畤侯，食邑两县。一天，耿弇向皇帝要求带兵北上，平定割据势力。皇帝听了很高兴，但觉得这很困难，不易成功。耿弇说："只要我们立定志向，坚持不懈，一定可以成功的！"刘秀答应了。

　　当时张步定都于剧县，耿弇攻克济南郡后，进逼剧城。张步派其弟张蓝率领精兵二万驻守西安，各郡太守所部万余人驻守临淄，两军相距四十余里。耿弇军处在二城之间的画中。耿弇见西安城小而坚固，张蓝部下又多是精兵，易守难攻，临淄城虽大但易攻，便准备采取声东击西的策略，扬言五日后将攻西安。张蓝日夜警戒严守。到了四日后夜半，耿弇命诸将赶到临淄城下，半天时间便攻破城池，率军进入城内。张蓝率部逃归剧县。

耿弇命令军中不得随意侵掠，到达剧县城下后，必须等到张步到了才能发起进攻，以激怒张步。张步听说后大笑："以前刘秀的十多万大军都被我打败了，今天耿弇兵少且疲，有什么可怕的！"于是与三个兄弟张蓝、张弘、张寿及大将重异一起，率领部队，号称二十万，气势汹汹地开到临淄大城东部，准备和耿弇一决胜负。耿弇出兵淄水，与重异遭遇。部下突骑要冲出与敌厮杀，耿弇怕挫敌军锐气，使张步不敢放胆前进，于是故意示弱以骄纵敌人，退入临淄城内，陈兵严阵以待，派都尉刘歆、泰山太守陈俊分别在城下布阵。张步气势正盛，直攻耿弇军营。耿弇命刘歆应战，自己则登上高台瞭望战况，见刘歆等人已经与敌人交锋，便亲自率领精锐部队杀出东门，向张步的军队横冲过去，大败张步。战斗中，一支箭射中了耿弇的大腿，耿弇用佩刀削断箭杆，继续指挥作战，左右随从都不知他受了伤。战到天黑，双方各自收兵。第二日早晨，耿弇又要率军出击。时光武帝在鲁地，得知张步尽发其兵进攻耿弇部，马上率兵赶来救援，但尚在半途。陈俊对耿弇说："剧贼兵强盛，可暂时闭营休养士卒，以等待皇帝到来。"耿弇豪气冲天地说："天子将到，臣子应杀牛洒酒以待，怎么能麻烦君上呢？"于是出兵大战，从早晨一直打到黄昏，再次大破敌军，杀伤无数，尸横遍野。耿弇估计张步将要撤兵，就预先在其左右翼布置伏兵。深夜，张步果然率军撤退，耿弇伏兵尽起，一直追杀到钜眛水边，前后八九十里死尸相连，缴获张步辎重车辆两千余辆。张步退还剧县。

几日后，刘秀亲自到临淄劳军。君臣相会，刘秀高兴地对耿弇说："你真是'有志者事竟成'啊！"并将他与韩信相比。

卧虎令

董宣，字少平，陈留郡人。他学识渊博，刚正不阿，精明能干，大司徒侯霸把他推荐给光武帝，后因政绩显著，升迁为北海相。董宣就任北海相以后，秉公执法，受到光武帝的器重。

当时，京都洛阳是全国最难治理的地方，城内居住着皇亲国戚、功臣显贵及其子弟，这些人位尊骄贵，纵容子弟和奴仆贪赃枉法，为非作歹，无恶不作。朝廷接连换了几任洛阳令，均对此地束手无策。于是，光武帝刘秀决定任命年已六十九岁的董宣做洛阳令。董宣到任后，遇到的第一件事就是处理湖阳公主的家奴行凶杀人的案件。湖阳公主是光武帝刘秀的姐姐，倚势骄横，目空一切，就连她的家奴也在京城里作威作福，横行无忌。

一天，公主的家奴当街杀了人，董宣立即下令逮捕他。可是，这个恶奴躲在湖阳公主的府第里不出来，地方官不能到这个禁地去搜捕。董宣就派人监视湖阳公主的住宅，下令只要那个杀人犯一出来，就设法抓住他。

过了几天，湖阳公主以为董宣只不过是虚张声势，于是不以为意地带着这个杀人恶奴出行，在大街上被董宣派出去的人发现。董宣得知后，立即带人拦住了公主的车马，请求湖阳公主交出杀人犯。恶奴见形势不妙，赶紧躲进公主的车子里。湖阳公主一听董宣向她要人，大怒："你是什么人，竟敢拦我的车马，抓我的人，你不想活了吧？"

可是，她万万没有料到，眼前这位小小的洛阳令竟然毫不退缩，拔出利剑厉声责问："身为皇亲，难道不知道国法吗！"湖阳公主一下子被这凛然正气镇住了，目瞪口呆，不知所措。

接着，董宣又义正词严地说："王子犯法，与庶民同罪，何况是一个家奴！我身为洛阳令，就要秉公执法，为百姓做主，决不允许任何罪犯逍遥法外！"董宣一声喝令，洛阳府的吏卒一拥而上，把那个作恶多端、杀害无辜的恶奴从公主车上拖了出来，抓回县衙，砍头示众。

湖阳公主在洛阳城的大街上丢了这么大的面子，气得浑身打颤，脸色发紫，说什么也咽不下这口气。她顾不得和董宣争执，掉转车头，直奔皇宫而去。湖阳公主一见到刘秀，又是哭，又是闹，非让刘秀杀了董宣替她出这口恶气不可。光武帝听了姐姐的一番哭诉，不禁怒形于色，喝道："快把董宣捉来，我要当着公主的面将他乱棍打死！"

董宣被带上大殿后，对光武帝叩头道："请允许我先说一句话，然后再处死我吧！"光武帝道："你死到临头了，还有什么话说！"

董宣声泪俱下却又十分严肃地说："陛下是圣明君主，才使汉室再次出现中兴的喜人局面。没想到现在却放任皇亲的家奴滥杀无辜，鱼肉百姓！我严肃法纪，抑制豪强，本想使大汉长治久安，却要落得个乱棍打死的下场。陛下说要用教化和法律来治理国家，现在陛下的姐姐在京城纵奴杀人，陛下不但不加以管教，反而将按律执法的臣下置于死地，国家的法律还有何用？陛下的江山还如何治理？我情愿自寻一死。"说着，便一头向旁边的殿柱撞去，碰得满头满脸都是血。

光武帝不是个糊涂的君主，董宣一番理直气壮的忠言以及刚直不阿、严格执法的行动，深深地打动了他。他又惊又悔，赶紧令卫士把董宣扶住，给他包扎好伤口，然后说："念你为国家着想，朕就不再治你的罪了。不过，你总得给公主一点面子，给她磕个头赔个不是呀！"董宣理直气壮地说："我没有错，也无礼可赔！"

光武帝只好向两个小太监使了个眼色，示意他们把董宣搀扶到公主面前磕头谢罪。两个小太监照办，他们使劲往下按董宣的脖子，董宣两手撑着地面，始终不肯低头。光武帝见状，深为叹服，他对董宣说："你这个强项令，脖子可真够硬的！"自此，董宣被称为"强项令"。

此后，董宣继续打击不法的豪门贵族，洛阳的土豪听到他的名字都吓得发抖。京师权贵都有所收敛，市民遂称董宣为"卧虎令"。

寒朗，字伯奇，鲁国薛县人。他出生三天，遭逢天下大乱，被丢弃到荆棘丛中；几天后兵灾过去，母亲前去探视，见他还有气息，就将他抱回。长大后，他喜好经学，博通书传，教授学生《尚书》，被举为孝廉。

汉明帝刘庄的兄长刘英被封为楚王后，在楚地大量招纳游士，又让方士做金龟、玉鹤，上刻预言刘英要做皇帝的符瑞文字，被人告发。经过核实，证据确凿，汉明帝刘庄不忍对兄弟加刑，就废黜了刘英的爵位，把他流放到丹阳泾县。刘英一到泾县，便畏罪自杀了。

随后朝廷派专人清查此案，大肆抓捕与案件有关的人，严加拷问，穷究不舍。有人为了免祸，就假造供词，诬陷他人，受牵连者，上自皇亲国戚、诸侯王公，下至州郡豪杰和各级官吏，因此被杀头、流放者数以千计，还有几千人被关在各地监狱中。

其时寒朗以谒者代理侍御史的身份，与三府的掾属共同调查楚王刘英一案中的颜忠、王平等人，供词牵连隧乡侯耿建、郎陵侯臧信、护泽侯邓鲤、曲成侯刘建。耿建等人申诉说从未见过颜忠、王平。当时汉明帝正在大怒之际，法吏都很惶恐，凡是供词中有所牵连的，全部逮捕入狱。寒朗询问颜忠、王平是否知道耿建等人的外貌特征，二人都错愕不能答对。寒朗知道其中有诈，便上言耿建等人没有奸邪之心，完全是被颜忠、王平诬陷的，并进而推断可能像他们一样无辜受累者不在少数。明帝召见寒朗，问道："耿建等既然没有奸谋，颜忠、王平为什么要牵累他们？"寒朗答道："颜忠、王平自知所犯之罪大逆不道，所以大量捏造牵引，企图借此开脱自己。"明帝说："既然如此，你为什么不早上奏，而一直等到案子审完呢？"寒朗答道："我虽然查实他们无罪，但担心另有他人揭发他们的其他罪状，所以没敢及时上奏。"明帝怒骂道："你首鼠两端！左右，赶快把他拉下去！"左右正要把他拉走，寒朗争辩道："臣见到拷问囚犯的当事官吏，都说造作妖言是大罪，对牵连者，宁可错抓也不能放过，所以拷问一个牵连十个，拷问十个牵连百个。公卿没有不知道此案有很多冤枉的，但都不敢与陛下相抵牾，这才造成目前这种局面。"明帝听罢，怒气缓解，命寒朗出去，没有责罚他。

两天以后，明帝亲自到洛阳的监狱审问罪犯，释放了一千余人。

　　东汉永初四年（110），羌胡作乱，在并、凉二州大肆掠夺，大将军邓骘认为军情紧急，不能兼顾，想要放弃凉州，集中力量对付北边，众人都附和他的意见，独虞诩提出反对意见："先帝开辟疆土，现在如果丢掉凉州，那三辅就算边塞了，祖宗的园陵坟墓就在界外了，这是万万不行的。凉州驻兵骁勇善战，超过他州。现在羌胡之所以不敢入侵三辅，是因为凉州在他的后方，是他的心腹之患！凉州百姓拿起武器保卫凉州，毫无退缩之心，因为凉州是大汉的！如果放弃凉州，迁走百姓，人民安于故土，不愿迁徙，势必会发生变故。假使英雄豪杰集合起来，乘势东来，就是有孟贲、夏育那样的勇士，太公那样的将领，恐怕也抵挡不住。"张禹说："你有什么好计策呢？"虞诩说："现在凉州骚动，人情不安，我担心发生变故。所以目下应该下令四府九卿，各推举所属州数人任职，对牧守令的子弟都授予散官，表面上是奖励他们，实际上是监视他们，防止他们作乱。"张禹答应了。

　　元初二年（115），羌人入侵武都郡，邓太后听说虞诩有将帅之才，于是任命他为武都太守。数千羌军在陈仓的崤谷拦截虞诩。虞诩得知后，立即下令部队停止前进，宣称："我已上书请求援兵，等援兵到后再动身。"羌军听说后，便分头前往邻县劫掠。虞诩乘羌军兵力分散的机会，日夜兼程行进了一百余里。他让官兵每人各做两个灶，以后每日增加一倍。羌军不敢逼近。有人问虞诩："以前孙膑使用过减灶计，而您却增加灶的数量。兵法说每日

行军不超过三十里，以保持体力，防备不测，而您如今却每天行军将近二百里，这是什么道理？"虞诩说："敌军兵多，我军兵少，走慢了容易被追上，走快了对方便不能测知我军的底细。敌军见我军的灶数日益增多，必定以为郡兵已来接应。我军人数既多，行动又快，敌军必然不敢追赶。孙膑有意向敌人示弱，我现在有意向敌人示强，形势不同之故。"

虞诩到达郡府后，兵员不足三千人，而羌军有一万多人，已围攻赤亭达数十日。虞诩便向部队下令，不许使用强弩，只许暗中使用小弩。羌人误认为汉军弓弩力量微弱，射不到自己，便集中兵力猛烈进攻。这时，虞诩命令每二十支强弩集中射一个敌人，射无不中。羌军大为震恐，纷纷退下。虞诩乘胜出城奋战，杀伤众多敌人。次日，他集合全部军队，命令他们先从东门出城，再从北门入城，然后改换服装，往返多次。羌人不知城中有多少汉军，更加惊恐不安。虞诩估计羌军将要撤走，就秘密派遣五百余人在河道的浅水处设下埋伏，守住羌军的逃路。羌军果然大举奔逃，汉军乘机突袭，大败羌军，杀敌擒虏数量极多，羌军从此溃败离散。

汉顺帝时，宦官王甫、曹节等人结党营私，把持朝政，玩弄权势。更加可恶的是，朝中一些大臣如太尉段颖等人对此不但不加以制止，反而因畏惧宦官权势而一味地迎合顺从。这样一来，他们狼狈为奸，亲戚、亲信和爪牙几乎布满全国各地，所在之处，横征暴敛，无恶不作。

在所有的恶人之中，沛国相王吉性情最为残暴。他仗着养父王甫的权势，滥杀无辜，残害百姓。每次杀人以后，王吉就把尸体切成好几块放到囚车上，拉着车子到处游街示众。夏季天气炎热，尸体很快就腐烂了，王吉就用绳索将骨骼串联起来遍游州郡。王吉担任沛国相五年，总共杀害了一万多名无辜者。尚书令阳球听说后，勃然大怒："如果哪天我阳球做了司隶校尉，一定要整治这群胡作非为的宦官！"

没过多久，阳球果然做了司隶校尉。刚一上任，阳球就下定决心要好好整治一下以王甫、曹节等人为首的宦官群体。此时，正好王甫私吞了国家财物七千多钱。当时王甫正在家里休假，阳球趁机入宫当面向灵帝述说了王甫等人的罪行。灵帝听后大怒，命阳球立刻逮捕王甫等人。于是，王甫以及与他勾结在一起的大臣段颎等，还有他的养子永乐少府王萌、沛国相王吉，全被阳球关押在洛阳监狱亲自审问。

王萌也曾担任过司隶校尉，于是向阳球求情："我们父子罪大恶极，理应被诛，但求你看在我们先后担任司隶校尉的分上，宽恕我的父亲，让他少受点苦刑吧！"阳球轻蔑地说："你所犯下的罪行不可胜数，你死也不足以抵消你所犯过的罪行。"

阳球将王甫诛杀后，打算按照次序弹劾曹节等人。阳球手下有些官员建议他先除去那些小奸贼，阳球说："我们应该先抓紧时间把那些大奸除掉，再商议除掉那些小奸贼。像袁姓家族那样的三公九卿中的豪强大族，只是一些小辈，你们几位自行处置就是了，何必要我亲自出面！"

权贵豪门听到这个消息，都吓得不敢轻举妄动，曹节等人连休假日都不敢出宫回家。

张纲招寇

汉顺帝即位后，把朝政大权交给了皇后家族。汉顺帝永和六年（141），梁皇后的父亲乘氏侯梁商因病去世，梁冀继承爵位，擢升为大将军，梁冀的弟弟梁不疑担任河南尹。梁冀与梁不疑一时权倾朝野，飞扬跋扈，凶狠暴虐，引起强烈不满。

汉顺帝汉安元年（142）八月，朝廷派遣侍中杜乔、周举，代理光禄大夫周栩、冯羡，以及张纲、栾巴、郭遵、刘班共八位使者，分别到各个州郡进行视察，考察地方官吏的政绩，嘉奖清正廉洁的地方官吏，而对那些贪赃枉法的官吏，凡是县令及以下级别的，就地依法处置，刺史、郡太守及以上级别的地方官吏，则将他们的罪行迅速上奏朝廷。

其他人接受使命后都立即动身，唯独张纲不动身，气愤地说："如今豺狼当道，居然还有心思去审问狐狸？"他随即上书弹劾说："大将军梁冀、河南尹梁不疑两兄弟凭借外戚的身份，蒙受皇恩，却漠视王法，无恶不作。我列举了他们犯下的十五件罪行，件件都令人发指。"

汉顺帝虽然知道张纲说的句句属实，可是由于当时梁皇后大受宠幸，梁家的势力又布满朝廷，所以并未采纳张纲的意见。

后来，杜乔从兖州视察回来，向朝廷推荐了泰山郡太守李固，于是汉顺帝将李固征召入京，任命他为将作大将。

由于张纲触犯了梁氏家族的利益，所以梁冀非常痛恨张纲，一心想找机会陷害他。当时，广陵郡以张婴为首的叛乱已持续十多年，朝廷虽然多次派人去镇压，但均无功而返，无济于事。于是，梁冀任命张纲为广陵郡太守，让他去负责剿灭叛贼。其实，梁冀这点小把戏谁都看得出来，平定叛贼是假，想借叛贼之手杀害张纲是真。不过，张纲并没有推辞，而是欣然接受了这项任务。

张纲果然不同凡响，刚一上任就给叛贼来了个下马威。以前去广陵郡赴任的新太守都请求朝廷多派兵马护送上任，张纲却只乘坐一辆车前往。张纲一到广陵，就直接走到盗贼首领张婴的营垒大门外，张婴大吃一惊，急忙下令紧闭营门。张纲请张婴出来见面，张婴开始有些害怕，但看到张纲态度十分诚恳，并无恶意，于是出营拜见。

张纲请张婴上坐，耐心开导他说："过去许多太守都贪婪、残暴，使得你们心怀怨恨，不得已才聚众起兵。虽然起因是他们的过错，可是你们这样做也不对。如今皇上仁爱，不想对你们动用武力，所以才派我来安抚你们，想给你们加官晋爵，这是转祸为福的大好时机。如果你们执意不从，等到皇上真的动了怒，征调荆州、扬州、兖州、豫州各路大军前来剿杀，你们就将身首异处，子孙灭绝。你是个明白人，这件事应该怎么办，相信你心里清楚。"张婴同意回去后说服大家归顺。

第二天，张婴就率领他的部众一万多人以及他们的妻子儿女，向张纲投降了。张纲在张婴的营垒大摆筵席，之后遣散了张婴手下部众，听任他们自去。张纲还亲自为张婴选好住处和田地，并且许诺说凡是张婴的子孙中有想当官的，他都会推荐。就这样，广陵郡的叛乱被平定了，百姓们都心悦诚服。

梁冀"偷鸡不成蚀把米"，本想借这个机会谋害张纲，没想到反而让张纲立了个大功，心中自然不是滋味。

一年后，张纲在广陵郡去世，张婴等五百多人穿上丧服赶来为他送行。他的灵柩被送回家乡犍为安葬。顺帝为了表彰这位功臣，任命他的儿子张续为郎中，并赏赐一百万钱。

割发代首

东汉末年，曹操在许都调遣兵将征伐张绣，自统大军进发宛城。此时麦子已成熟，老百姓看大军路过，都躲避起来，不敢割麦子。曹操下令："我奉天子之令出兵讨伐张绣，与民除害。现在正是麦熟之时，不得已而出兵，大小将校，凡过麦田，如有践踏者，一律按军法斩首。"骑马的士卒都下马仔细地扶麦而过，不敢践踏。百姓知道后，无不欢喜称颂。曹操乘马正行，忽然田中惊起一只斑鸠，那马受到惊吓，窜入麦田中，践坏了一大片麦子。曹操随呼行军主簿，告知自己践踏麦子之罪。主簿说："对丞相怎么能定罪呢？"曹操说："我自己制定的法规，自己却违反，应当受到处罚，否则难以服众。"说罢拔出佩剑欲自杀，周围的人急忙制止。主簿道：《春秋》上有这样的说法：'法不加于尊。'丞相统摄大军，怎么能自杀呢？"曹操沉吟了一会，说："既然《春秋》有'法不加于尊'的说法，吾姑免死。"说完用剑割了自己的一束头发扔在地上说："割发权且代首。"让士兵拿头发传示三军，说："丞相践麦，本当斩首号令，今割发以代。"于是三军悚然，无不懔遵军令。

建安十九年（214），刘备破刘璋、攻克成都后不久，曹操也攻占了汉中。汉中定军山与蜀唇齿相依，蜀若不控制汉中，京师成都就时刻要受到曹军的威胁。此前，张郃统兵进攻张飞镇守的巴西，被张飞击败，几乎全军覆没，张郃只身逃回定军山。

建安二十四年（219）一月，刘备久攻阳平关未克，乃引军南渡汉水，于定军山前扎营。夏侯渊率兵前来争山，筑围与刘备军相峙，自率轻兵守南围，以张郃守东围。刘备军乘夜先攻东围，张郃军首战不利，夏侯渊分兵支援张郃。

黄忠与法正引兵屯于定军山口，累次挑战，夏侯渊在山上眼看蜀兵越逼越近，几次想下山应战，张郃总劝阻他说："这是'反客为主'之计，最好是坚守，不宜出战。"黄忠几次领兵攻打，每次攻到山腰就被山上的檑木石块打下来，攻一次，败一次。黄忠心里非常着急。

一天，黄忠和法正出营察看地形，拟订新的进攻计划，决定先攻定军山西面那座高山。当夜，黄忠挑选二千精兵，悄悄地攀登西山。山上只有少数曹兵把守，哪里抵挡得住。黄忠顺利占据了西山。

　　黄忠与法正在西山上把曹营情况看得清清楚楚。法正提议："将军可守在半山，待夏侯渊兵至，我举白旗为号，将军按兵勿动；待他倦怠无备，我举起红旗，将军便下山击之——以逸待劳，必当取胜。"

　　夏侯渊见黄忠攻取了西山，再也忍耐不住，不顾张郃劝阻，带了主力出营围攻西山，只把少数兵力交给张郃随后接应。夏侯渊领兵把西山团团围住，叫兵士在山前骂战。

　　法正在山头举起白旗，黄忠领兵埋伏在山腰里，任凭曹兵叫骂，只是不理。太阳晒得曹兵又渴又饿、疲惫不堪，夏侯渊也下马休息。法正在山顶看得明白，连忙摆动红旗，一时鼓角齐鸣，喊声震天，黄忠一马当先，冲下山来，直扑夏侯渊营寨。夏侯渊来不及招架，只听得黄忠大喊一声，犹如雷吼，宝刀一闪，便将夏侯渊砍死马下。曹兵失了主将，溃不成军，败退下去。黄忠趁势追赶，打退了张郃。这时候，诸葛亮早已派后续部队攻占了定军山，山上竖起蜀汉旗号，张郃只得领兵往汉水边退去。

　　定军山一役，成就了蜀汉老将黄忠的英名和蜀汉王朝的事业，三分天下的格局得以确立，中国历史进入了一个新的阶段——三国。

「黄须儿」曹彰

曹彰从小就善于射箭、驾车，臂力过人，能徒手与猛兽格斗，不怕危险困难。他几次跟随曹操征伐，志向慷慨昂扬。曹操有一次问几个儿子各自的志向，曹彰说："愿做将军。"曹操说："做将军干什么呢？"曹彰回答说："披坚甲，握利器，面临危难不顾自己，身先士卒，有功必赏，有罪必罚。"曹操听后大笑。

建安二十三年（218）四月，代北乌桓能臣氐等造反，曹操任命曹彰担任北中郎将，行使骁骑将军的职责。临出发前，曹操告诫曹彰："在家是父子，受命是君臣，一举一动都要按王法行事，你要谨记！"曹彰北征进入涿郡境内，叛变的乌丸族几千骑兵攻到。当时曹彰的兵马尚未集结，只有步兵一千人，战马几万匹。曹彰用田豫的计策，坚守阵地要冲。激战之下，敌人溃败逃散，曹彰追击，箭射敌骑，应声而倒的敌兵前后连成一串。曹彰的铠甲上虽中了几箭，但他气势更加雄壮，乘胜追击敌兵直到桑干河，距离代郡有二百多里。军中长史和众将都认为部队远道而来，人马疲累，又有命令不许过代郡，不许深入敌境，劝曹彰停止追击。曹彰说："率军出征，只为取胜。敌人还没跑远，应追上去一举击溃他们。为服从命令而放跑敌人者，决不是良将。"说罢便上马，下令："落后者斩！"一天一夜后追上了敌人，斩首俘虏了几千人。回营后，曹彰加倍犒赏了将士，全军欢欣鼓舞。

当时鲜卑族的首领轲比能率领几万人马观望双方强弱，看到曹彰奋力冲杀，所向披靡，便请求臣服。北方平定。

那时候，曹操在长安，召曹彰到自己的行营。曹彰从代郡经过邺县，太子曹丕对曹彰说："你刚立了功，现在去西边面见主公，注意不要骄傲自夸，回答问题要表现得谦虚。"曹彰到了长安，按照太子所说的，把功劳都归于众将。曹操很高兴，捋着曹彰的胡子说："黄须儿居然大不简单！"

刘备平定益州之后，有人主张将成都城中房舍及城外园地桑田分赐诸将。赵云反驳说："霍去病曾说过：'匈奴未灭，何以家为。'现在国贼不只匈奴一个，还不到可以安定下来的时候，须等到天下平定，再使众人返回家乡去耕耘田地。益州百姓刚刚遭遇战祸，现在应该将田宅房产归还百姓，先让他们安居乐业，然后可以使他们服兵役、纳户税，才能得到益州的民心。"刘备当即采纳了赵云的建议。

建安二十四年（219）正月，刘备听从法正、黄权等人的建议进攻汉中，汉中守将夏侯渊为黄忠所斩。三月，曹操亲自率领大军来争夺汉中，并运送大批军粮到北山下，黄忠认为可趁机夺取这些军粮，赵云于是授予黄忠兵力去取北山。到了约定的时间黄忠仍未回来，赵云便带着数十骑出了营寨，查看情况，不料遭到曹军先锋部队的攻击，赵云刚与敌人交手，曹操的大军已来到面前，声势逼人。赵云一次又一次地突击曹军阵列，且战且退。曹军散而复合，赵云突围而出并退入汉军的营寨内。此时部将张著受伤，被曹军包围，赵云又一次

驰马冲入曹军中救出张著。此时曹军已追至汉军的营寨前，沔阳长张翼正在防守营寨，见曹操大军杀到，便要闭门拒守。赵云进入大营之后，下令大开营门，且令汉军偃旗息鼓。曹军见此情状，怀疑赵云设有伏兵，便向后退去。此时赵云下令鸣击战鼓，鼓声震天，又令军士以弩箭射曹军，曹军惊骇，自相践踏，坠入汉水中淹死者甚多。次日，刘备亲自到赵云兵营察看战况，赞叹说："子龙一身是胆也！"军中都称呼赵云为"虎威将军"。

建兴六年（228），诸葛亮出兵北伐，宣称将由斜谷道出兵，并令赵云、邓芝为疑军，占据箕谷，魏大将军曹真率领大军阻挡。诸葛亮令赵云、邓芝在斜谷道阻挡曹军，自己率领蜀军主力进攻祁山。由于兵弱敌强，赵云、邓芝失利于箕谷，赵云随即聚拢部队，固守箕谷，没有造成大的损伤。部队撤退时，赵云亲自断后，阻止曹军追击，因此军资和人员的损失都不大。

张辽，字文远，雁门马邑人，三国时期曹魏著名将领。他与乐进、于禁、张郃、徐晃并称为曹魏的"五子良将"。

曹操出征汉中之前，估计孙权有可能再次进犯合肥，因此预先写了一道密令，封于木函中，交给护军薛悌，要他待贼军来到便拆信阅之，按计行事。孙权兵临城下之际，薛悌与诸将打开木函，见命令是："若孙权军来到，张辽、李典将军出战，乐进将军守城，不得与战。"在曹操看来，张辽、李典是能征善战的猛将，故使之出战；乐进为人持重，故使之守城；护军薛悌乃文官，故不参战。

诸将看罢命令，疑虑重重。乐进、李典等认为，两军兵力对比悬殊，出战很难取胜。张辽拍案而起，大声说道："曹公今远征在外，若坐等援军，即便能等到，那时我等也早被吴军击破。现当乘吴军立足未稳之际，主动出击，方能挫其锐气，守住城池。"乐进等仍犹豫不决。张辽怒道："成败在此一战，诸君若疑，我张辽独自决战。"李典素与张辽不和，此时见张辽如此

坚决，亦慷慨陈词："这是国家大事，既然将军主意已定，奋不顾身，我等又怎么会顾小私而舍大义呢？"于是，众将遵从张辽之见，连夜征募敢死之士八百人，设宴犒飨，以壮军威。

次日晨，张辽披甲执戟，率众冲入敌阵。此时，吴军毫无准备，不知所措。张辽连续击杀数十人，并斩杀了东吴陈武等两员大将，直逼孙权帐下，要取其性命。孙权大惊，仓皇间登上一个土垒，手持长戟自守。吴军见张辽兵少，迅速围了上来，密密麻麻地将张辽围了好几层。张辽毫无惧色，左冲右突，杀出一条血路，带领麾下数十人冲出包围。这时，李典也带人接应。双方战至中午，吴军伤亡惨重，士气大挫。张辽见出战的目的已经达到，遂率众回城，加强防卫。

之后，孙权虽持续围城十余日，但终不能破城，遂撤军而去。当吴军撤退之时，孙权与少数将领在逍遥津北岸巡视，恰被魏军看见，张辽即率步骑数众突袭孙权。吴将甘宁、吕蒙等与张辽奋力拼杀，凌统则率亲兵护卫孙权突围。当孙权等骑马行至逍遥津桥时，见桥南板已被拆除丈余而不得过。在此危急关头，吴将谷利急中生智，于孙权坐骑后猛着一鞭，骏马奋力一跃，飞桥而过，孙权夺路而逃，幸免于难。

曹操对张辽的表现非常满意，拜张辽为征东将军，张辽威震江东。

建安十八年（213）正月，曹操率四十万人马攻濡须口，饮马长江。孙权率兵七万迎击，派甘宁率三千人为前部督。孙权为挫曹军锐气，决定趁其远道而来立足未稳之际，率先进攻。甘宁向孙权请战，让他当夜带一百名兵士奔袭曹营，承诺："要是损失一兵一马，就不算成功！"孙权赞赏他的勇气，同意了，特赐米酒

践行。

甘宁选锐卒一百，动员道："今天夜里，咱们奉命偷袭魏营。请大家和我一起满饮一杯酒，奋力拼搏！"那一百名士兵感到力量不够，显得有些为难，面面相觑。甘宁见状，拔剑在手，怒喝道："我作为大将尚不惜性命，你们还有什么迟疑的？"士兵们见甘宁变了脸，都起身行礼："我们愿出死力，跟随将军前去杀敌，心口如一，请将军勿疑。"

至二更时，甘宁率锐卒裹甲衔枚，潜至曹操营下，拔掉鹿角，奋力拼杀。曹兵惊慌之际，辨不出对方来了多少兵马，奔忙间自相扰乱，十分狼狈。甘宁趁乱率百名战士在曹营中纵横疾驰，碰到人就杀。一阵砍杀之后，迅速从南营门杀出来。曹操恐怕对方是故意引诱自己追赶，为防中吴军埋伏，没敢追击。

甘宁偷袭成功，一百名战士没一个受伤。回到吴营时，孙权亲自出门迎接，赏赐众多。一时，甘宁声名大振。

关羽水淹七军

　　建安二十四年（219）七月，关羽在安排好南郡太守糜芳守江陵、将军傅士仁守公安之后，觉得后方很稳定，于是就率驻扎在江陵的大部分荆州军队，浩浩荡荡地向襄阳、樊城进发，很快将襄阳、樊城分别包围起来。当时关羽主攻的是樊城，樊城守将曹仁抵挡不住，一方面龟缩在樊城不敢出战，一方面连连向曹操告急求援。曹操一边令曹仁拒守樊城不能弃城，一边急忙派遣左将军于禁、立义将军庞德前去樊城支援。

　　庞德带五百亲兵，簇拥着一口棺木，向关羽挑战。关羽的义子关平来到阵前，庞德问了姓名，叫道："我奉魏王将令，来取关羽首级，快回去叫你父亲来！"关平大怒，抢刀便砍，庞德横刀接战。战了三十个回合，不分胜负，各自鸣金收兵。关平回阵，说了交战情形，关羽亲自披挂前去迎敌。庞德叫道："我奉魏王将令，特来取你首级。"关羽大骂："无名鼠辈！"便放马舞刀，直取庞德。关羽、庞德大战百余回合，不分胜负。第二日交战，二将齐出，并不答话，拍马交锋五十回合，庞德拨马逃走，关羽紧追不舍。庞德取箭便放，关羽躲闪

不及，被射中左臂。庞德愈战愈勇，关平飞马上前，迎住庞德。正厮杀间，曹营中锣声紧密，原来于禁怕庞德夺了头功，故而鸣金收兵。庞德回到营中，问起鸣金原因，于禁道："只怕你轻敌误事，所以鸣金收兵。"庞德懊恼道："多待一会，关羽就难逃性命，可惜错过了这样的机会。"

过了一夜，庞德又去挑战，荆州兵闭门不出。庞德向于禁进言："关羽受箭伤不能上阵，应该传令七军，并力进攻，乘机解除樊城之围。"于禁只怕庞德立了大功，派庞德带了本部人马，去守山后的小路。

几天按兵不动，关羽的箭伤已经好了。他带了几个人，上山观看形势，只见樊城北面的山谷里布满曹军。由于关羽长期征战在荆襄地区，了解当地的地理环境和气候条件，他看到曹军驻扎在低洼地区，又望见襄江里白浪滚滚，顿时有了破敌的计策。他回到营中，挑了几个心腹将士，吩咐一番，让他们分头行事；又命令荆州军造大船，并调水军集结待命。

秋八月，连续十多天阴雨，汉水暴涨。庞德在帐中，只听万马奔腾，喊声震天。出帐一看，大水从四面急剧涌来，七军兵士随波逐流，淹死者甚多。于禁、庞德率将士登上小土山躲避，关羽带大军冲杀而来，于禁投降，庞德被关羽部将周仓生擒。

　　杜预，字元凯，西晋著名政治家、军事家和学者，三十岁出仕，是助司马昭灭吴统一中原的重臣。文学上有所建树，著有《春秋左氏经传集解》《春秋释例》等。

　　杜预年少时，不与那些只知享乐的纨绔子弟为伍，一心读书，勤于著书论作，在政治、经济、历法、数学、工程、史学等多方面皆有所建树，但由于司马氏与杜氏家族的矛盾，杜预年少时难入仕。司马昭执政期间，司马家族已成为曹魏最大的政治集团，为了巩固政权、扩充统治基础，司马昭广招贤才，重用才能，杜预就是其中一位，且极受司马昭重用，司马昭还将其妹嫁给杜预，拉拢杜预成为司马家族中重要的成员，可见杜预的杰出才能。

　　杜预才学涉及面极广，水利工程、修订历法、带兵打仗、史书注释，可谓是通识奇才，因此有人给他起了个绰号，叫"杜武库"，赞誉他博学多才，就像是武器库一样，无所不备。

　　当时，孟津渡口码头设施陈旧且不合理，渡船经常有翻船的危险，杜预即上奏请求在富平津修建桥梁。朝臣议论纷纷，此渡口历时百年，都未曾有先人在此建桥，只因此处地势高低不平，难以架设桥梁。杜预自信十足，全程包揽建桥事宜，桥终得建成。

当时，西晋王朝只有半壁河山，孙吴政权仍控制着长江中下游以南地区。不过，孙吴的国力远比西晋要弱，再加上政局动荡，很难同西晋抗衡。晋武帝登位以后，一直想发动灭吴战争，可是西晋朝廷内部的意见并不一致，除羊祜、张华等少数大臣支持晋武帝的想法外，大多数人态度暧昧。朝廷中的一些实力派人物，像贾充、荀勖等则持有不同见解，以致错过了灭掉孙吴的极好战机。咸宁四年（278）春，荆州前线的晋军主帅羊祜突然病重，一直优柔寡断的晋武帝有些后悔，想让羊祜带病出征，但羊祜很快便去世了。临终前，羊祜向晋武帝举荐杜预接替自己，认为他完全可以担此重任。当时，西晋和孙吴各有一个荆州，形成南北对峙的局面。战争一开始，杜预的首要任务是夺取孙吴的荆州。

杜预到达荆州后，积极进行军事部署，同时派兵奇袭孙吴的西部边镇西陵。西陵的战略位置十分重要，只要晋军能突破此地，益州的水师就可以顺流而下，驰骋荆州。驻守西陵的总督是孙吴名将张政，不除张政，西陵很可能成为未来战争中晋军前进途中的巨大障碍。于是，杜预实施了一条借刀杀人之计。他从军队中挑选了一批精壮的将士，偷袭张政。张政虽然对杜预的到来有所警惕，但万万没有想到，他一到任就来偷袭，因为没有准备而吃了败仗。张政害怕吴主孙皓惩罚他，没有如实报告情况。杜预早就了解到孙皓生性多疑，对臣下不是很信任，故意把在西陵抓到的俘虏送到孙吴的首都建邺。孙皓果然中计，气急败坏地召回张政，任命武昌监军刘宪接替他的职务。大战之前易帅，军心动荡，这就为晋军的胜利创造了有利的条件。咸宁五年（279）八月，杜预准备就绪后，上书晋武帝请求开战。这时，驻守在扬州前线的晋军主帅王浑上表声称孙吴要发倾国之兵攻打晋朝，反对派乘机说三道四，晋武帝对杜预的请战迟疑不决，最后竟同意将灭吴的计划推迟到下一年。

杜预得知晋武帝变卦，非常着急。他再一次上书，陈述自己的见解："孙吴的兵力相当紧张，只能集中力量保住夏口以东，连西线也无力增援。"杜预婉转地批评晋武帝听信谣言，放弃灭吴大计，实际上是纵敌养患，给敌人喘息的机会。他认为，灭吴战争胜券稳操，即使没有成功，也不会损失什么。对于杜预的上书，晋武帝仍然不置可否。杜预又急又气，第三次上书请求立即开战，他愤怒地批评反对派既不顾国家利益，又怕别人立功的阴暗心理和可耻行径。杜预还向晋武帝指出："由于我们要攻打东吴的消息已经泄露，东吴可能会采取对策，那必将给我们灭亡东吴的战争带来许多新的困难。"由于杜预的几次上书，把攻打孙吴的形势剖析得一清二楚，晋武帝终于下定决心，下令立即发兵攻打孙吴。

是年十一月，晋武帝调集大军二十多万，兵分六路，水陆齐进，大举进攻东吴。杜预在这次战争中并没有担任主帅，晋武帝只任命他为西线指挥，具体任务是取江陵、占荆州，并且在荆州地区负责调遣益州刺史王濬的水师。

咸宁六年（280）正月，杜预命令他的军队包围江陵。江陵城防坚固，易守难攻。杜预不想在这里消耗时间和兵力，只是围而不歼。在切断了江陵与外部的联系之后，他立即调动一部分兵力向西进攻，夺取沿江的一些城池。一个漆黑的夜晚，杜预派遣几名得力的将领率领八百名精壮的士卒去偷袭江南的乐乡。这支部队在夜幕的掩护之下，神不知鬼不觉地渡过长江。他们按照主帅的计谋，一方面在山上到处点火，树立旗帜，虚张声势；一方面分兵袭击乐乡附近的各个要害地区，把乐乡城里的吴军都督孙歆吓得坐卧不安，吴军人心惶惶，不敢轻意行动。接着，杜预的这支人马就埋伏在乐乡城外，等待时机攻城。正巧，这时候有一支吴军从江岸返回乐乡，杜预的将士就乔装打扮，混杂在吴军的队伍里溜进了城里，活捉了吴军都督孙歆。杜预设计巧取乐乡，使部下将士十分钦佩。

在扫清江陵的外围之后，杜预很快拿下江陵，占据荆州。接着杜预挥师东进，配合其他各路晋军攻打孙吴的都城建邺。有人对连续进军产生了畏难情绪，在一次军事会议上提出，天气转热，雨水增多，北方士兵水土不服，容易感染疾疫，应该等到冬天再继续进军。杜预不以为然，分析整个战争形势道：“现在我们接连取胜，士气大振，势如破竹，当积极进取。”杜预的意见终于为大家所接受，以后战争的形势正如杜预所预言的那样发展着。

西晋灭亡孙吴的战争是中国历史上一次重要的战争，它结束了汉末、三国以来分裂割据的状态，使中国重归一统。它也是魏晋南北朝四百年间唯一成功的一次统一战争。杜预在这次战争中显示了卓越的军事才能，功绩是非常突出的。

刘宋万里长城：檀道济

檀道济世居京口，自幼父母双亡。晋安帝末年，檀道济跟随刘裕加入了北府兵名将刘牢之的军队，开始了他的军旅生涯。他作战勇敢，机智灵活，在平定桓玄叛乱等一系列战斗中立下赫赫战功，是东晋后期的重要将领。

公元 415 年，刘裕出师北伐、攻打后秦的时候，命檀道济率军沿淮河向洛阳进发。檀道济率军一路过关斩将，先后攻克新蔡、许昌、荥阳，一直打到成皋，在成皋击败秦军主力，迫使洛阳守将投降，军威大振。由于俘虏太多，有的将领怕他们闹事，主张杀掉，檀道济却不同意。他说："我们晋军北伐是为了讨伐罪逆，保护百姓，怎么可以乱杀人？"

刘裕当了两年皇帝，就生病死了。其子刘义隆即位，是为宋文帝。北魏趁着宋朝的政局变动，派大军渡过黄河，进攻宋朝，占领了黄河以南的大片土地。宋文帝为增加攻魏兵力，任檀道济为都督征讨诸军事，率众北上。刘宋将领到彦之在滑台附近，听说洛阳、虎牢等城失守，吓得欲焚舟南逃。刘宋将领王仲德认为："北魏军离滑台尚有千里之遥，滑台驻有强兵，不应舍舟而逃。"到彦之于是引兵自清水入济水，至历城，仍恐被魏军追及，下令焚舟弃甲，步趋彭城。

元嘉八年（431）正月，檀道济等自清水往救滑台。二十几天里，刘宋军队连打三十多仗，节节胜利，一路追打到历城。这时，檀道济恃胜而骄，防备稍懈。魏军抓住机会，派骑兵绕到刘宋军后方，烧了宋军的辎重粮草。宋军形势非常危急。檀道济明白，如果这时匆忙撤退，魏军就会怀疑宋军已无军粮，进而会大举进攻，宋军很可能全军覆没。目前最紧要的就是要让魏军相信宋军还有充足的粮草。

一天晚上，宋军军营里灯火通明，檀道济亲自带领一批管粮的士兵在一个营寨里查点粮食。士兵们一边用斗子量米，一边拿着竹筹高唱着计数。有人偷偷地向营里望了一下，只见一个个米袋里都是雪白的大米。宋军将士以为是后方送来了军粮，军心大振。

魏将得到情报，以为前面来告密的宋兵是假投降，来诱骗他们上当的，就把投降的宋兵杀了。

当时檀道济兵少，魏军势盛，檀道济命军士都披上铠甲，自己穿着便服，乘着一辆马车，大模大样地沿着大路向南转移。魏军恐有伏兵，不敢追逼，檀道济全军得以平安返回。此战檀道济虽没有攻下河南，但在魏军的围困下，全军而退，威名大振。

檀道济在宋武帝和宋文帝两代，都立过大功。由于他功劳大，威望高，引起了宋朝统治者的猜疑。有一次，宋文帝生了一场病，其兄弟刘义康就与心腹商量："如果皇上有什么三长两短，留着檀道济总是一个祸根。"他们假用宋文帝的名义下了一道诏书，硬说檀道济搜罗坏人，企图谋反，把檀道济逮捕起来，要办他死罪。檀道济的妻子曾提醒他功高震主的忧虑以及无故召见的蹊跷，但是檀道济却并不以为意，说："我不负国家，国家也定然不会辜负我。"

檀道济被捕时，气得怒目圆睁，他恨恨地把头巾扯下，摔在地上，说："你们不是在毁坏自己的万里长城吗！"这位对国家忠心耿耿的一代名将就这样被枉杀。消息传到北魏，魏朝的将士都高兴得互相庆贺，说："檀道济一死，南方就没有可害怕之人啦！"

完美战神——北齐兰陵王高长恭

兰陵王高长恭，又名高孝瓘、高肃，祖籍渤海调蓨，北齐神武帝高欢之孙，文襄帝高澄第四子，生母不详。南北朝时期北齐宗室、将领，封爵兰陵郡王。

河清二年（563），北周杨忠与突厥木杆可汗合兵自恒州而下攻齐，直逼并州，高长恭参战，奋力将突厥人击退。次年十二月邙山之战时，北周攻打洛阳，武成帝高湛派高长恭与并州刺史段韶、大将军斛律光前往洛阳救援，因为惧怕北周的兵力强大，不敢轻易冒进。段韶用计打败北周军队，高长恭带领五百名骑兵冲进北周军队的包围圈，直到金墉城下。因为面相太柔美不足以威慑敌人，高长恭每每打仗都要戴上狰狞的面具。城上齐兵认不出是谁，怀疑是敌人的计谋。兰陵王摘下盔胄，城上军心大振，高长恭成功替金墉解围，北周军队最后放弃营帐逃走，从邙山到谷水三十里间的川泽之地，都是北周军丢弃的兵器辎重。高长恭在此次战役中威名大振，士兵们为此次作歌舞戏讴歌他，即知名的《兰陵王入阵曲》。同年十二月十五日，高长恭被任命为尚书令。

高长恭后来历任司州、青州、瀛州的地方长官。

武平元年（570）七月初三日，担任录尚书事。武平二年（571）二月二十四日，担任太尉。三月，北周齐公宇文宪从龙门渡过黄河，右丞相斛律光退守华谷，宇文宪攻取了斛律光新筑的五座城池。高长恭与太宰段韶、右丞相斛律光联合进攻跷谷，率军抵御北周的军队，进攻柏谷城，攻克后即退兵而回。五月，北周晋公宇文护派中外府参军郭荣在姚襄城南、定阳城西修筑城池。六月，段韶包围定阳城。当时段韶生病，对高长恭说："这座城池的三面都有两道壕沟，无路可走，只东南有一条路，贼寇一定会从这里突围。应当挑选精兵专门防守这条道路，一定能够捉住他们。"高长恭便派一千多名壮士埋伏在东南涧口。城中的粮食吃尽了，宇文宪集中所有的兵力去救援，但因害怕段韶，不敢前进。杨敷率领现有的士兵乘夜突围出城，被高长恭的伏兵攻击，全部被俘。

　　邙山之战后，北齐后主高纬对高长恭说："这样冲进敌阵之中，如果不小心发生意外怎么办？"高长恭回答说："国事即家事，在战场上顾不上意外不意外的。"

"落雕都督"斛律光

斛律光，北齐名将。字明月，朔州人，高车族，斛律金之子。

斛律光少工骑射，以武艺知名，十七岁被高欢提为都督，后为高澄亲信都督，不久为征虏将军，累升卫将军。一次随世宗打猎，有一只大鸟在云际飞翔，斛律光引弓射之，正中其颈，大鸟落地，却是一只大雕，斛律光因此被时人称为"落雕都督"。

河清三年（564），北周派大将达奚武入侵北齐的平阳，北齐派斛律光率步骑三万抵抗。达奚武听说是斛律光迎战，不战而退，齐军乘胜追入周境，俘虏周军二千余人。是年冬，北周宇文护亲自挂帅，以柱国大司马尉迟迥为先锋，率兵十万攻打洛阳，并派雍州牧齐国公宇文宪、同州刺史达奚武、泾州总管王雄屯兵邙山策应。北齐则派兰陵王高长恭和斛律光前往救援，北齐后主自带卫兵从晋阳出发，作为后应。齐周两军在邙山相遇，斛律光首战告捷，与高长恭带五百骑兵突破周军包围进入洛阳城，与城内守军会合。周将尉迟迥退守邙山，会合宇文宽、王雄等兵拒战。猛将王雄驰马挺槊冲入斛律光营中，斛律光见其来势凶猛，奔出阵后，落荒急走，只剩一箭，随行也仅有一卒。王雄紧追，仅相距数丈，大喊："当擒你献给天子！"语音未落，只见斛律光取弓搭箭，返身一射，正中王雄前额。王雄伏抱马首奔回营中，当晚因伤势过重死去。斛律光随即指挥骑兵回头猛击，北周军大败，俘虏宇文英等将，斩首三百余级。宇文护又令宇文桀、大将军中部公梁洛都与梁景兴、梁士彦等三万步骑在鹿卢交断路拦击。斛律光与韩贵孙、呼延族、王显等人合兵猛击，大获全胜，斩杀梁景兴，获马千匹。斛律光因军功被加封为右丞相、并州刺史。同年冬，斛律光率步骑五万在玉壁营筑华谷、龙门二城，与宇文护、拓跋显敬相峙，北周军不敢轻举妄动。斛律光趁机围攻定阳、南汾城，不久胡、汉民众万余户前来归附。

十三棍僧救唐王

隋朝末年，天下大乱，诸侯各霸一方，战乱不休。王世充霸占洛阳后，自登皇位，定国号为"郑"，封其侄王仁则为领兵大元帅。这叔侄二人终日东杀西战，致使民不聊生。

洛阳城郊十五里的柏谷庄，有少林寺千亩田地，住着十三个武僧，专管种田护园。

一日，饲养牲口的和尚智守来到打谷场上，靠在谷草垛休息，忽听草垛背后有男女说话声，一个女人说："我在那里捡了一个石疙瘩，方方正正的，一面还有字呢。"男的说："拿来我看看。刻的有龙，哎呀，怕是皇家的东西吧？"智守听到这里，马上起来，走到草垛后面对他们说："什么龙？拿来看看。"男的把那东西交给智守，智守认出上刻的是"秦王之印"。又让他们将逃荒闯潼关的经过讲给他听。智守听完以后，把他们带到庄院，让他们给其他和尚又说了一遍。寺主僧志操对他俩说："秦王印是皇家之物，老百姓不能收藏。"志操送给他们一袋高粱面，让他们远离洛阳这个是非之地。十三个和尚议论起来，有的说："唐王父子办事顺天理。"

有的说："王世充自称皇帝，祸国殃民。"最后他们一致认为，逃难男女口中说的那个被绑起来打进囚车的郎中一定是秦王李世民，要设法搭救才是。

太阳西沉，十三个和尚扮成挑柴的汉子，随着人群走向洛阳城，走在最前边的是饲养僧智守。来到城门口时，智守将柴担一扔，施出"点穴术"拨倒几个人，十三个和尚就趁乱混进了洛阳城，分头向王城走去。王城是新垒起来的土城墙，高四丈，宽八尺。来到王城，他们去掉练功时身上带的"重身"，个个身轻如燕，没费多大工夫，就跃进了王城，直奔监牢。智兴、道广、普惠、明嵩抓来几个禁卒问明了关押李世民的地点和管钥匙人的所在。随后，他们把那几个禁卒结结实实地捆绑起来，扔在背角处。大伙搭起人梯，由昙宗带领智守和普胜，越过狱墙进监牢救人，其余和尚在外警戒。昙宗三人来到监狱门口，灯光下只见有两个狱卒在门口把守，昙宗使了个眼色，普胜、智守飞身上了房顶，又飞身下来将两个狱卒的脖子卡住，提到暗处捆了起来。昙宗见二人得手，便转身跑到掌管钥匙的总管门口，一个倒挂金钩，舔破窗纸一看，那总管正在打哈欠。昙宗翻身而下，推门进去抓住了总管的衣领，那家伙乖乖地交出了全部钥匙。

昙宗拿到钥匙，将总管捆了手脚，嘴里塞了东西，推到暗角处。他开了监门，留下智守警戒，自己直奔内监，认出戴着一副大枷，靠墙根坐着的便是秦王李世民。他们来到李世民跟前，拿钥匙开了大枷，昙宗背起李世民跑出内监，智守、普胜随后跟着出来。这时，上座僧善护、寺主僧志操早把城门打开。十三个和尚碰在一起，决定一不做，二不休，兵分两路，一路送李世民出城，一路去捉拿王仁则，事后到洛阳桥头相会。

昙宗等五人去捉王仁则，忽听到墙内传出女子哭爹喊娘的尖叫声。

善护立即将四个郑兵擒到跟前，问是怎么回事。郑兵说："王仁则酒后经过这家门口，见院中一女子相貌美丽，就进去行房，让他们在门口守卫。"昙宗听罢，与明嵩冲进了院子。院内的卫兵一看，骂道："秃驴，谁让你们进的院？"昙宗一招"双手关门"，两个卫兵应声倒地。王仁则在屋内听到动静，立即把门窗关紧，把灯熄灭。昙宗推了推门，紧如铁板，摸了摸窗棂，是八方梅花铁扣窗；无法进去。这时他闻到了一股酸味，伸手一摸，是一缸柿子醋。昙宗灵机一动，舀醋往屋墙上浇起来，土墙遇到醋就会松软脱落，不一会儿，墙上透出一个大窟窿。昙宗让明嵩咚咚撞门，他趁机从洞中钻进屋去。王仁则发现有人进来，劈头就是一剑，昙宗来了个金沙飞掌，拨过来剑，两人就在黑暗中打斗起来。忽然，一个东西把昙宗绊了个趔趄，他一摸是一缸泡菜，菜上压了一盘石磨，他来了个"白蛇吐信"，将石磨照着王仁则砸去，只听"哎呀"一声，王仁则倒在地上。昙宗让姑娘快开门点灯。明嵩进到屋里，灯光下看见王仁则鲜血直流，嘴里不停地叫骂。昙宗拿了一团棉絮塞进王仁则嘴里，用绳子将王仁则捆住，往肩上一扛，急忙赶往洛阳桥。

志操他们在官马棚找到十四匹马，正在洛阳桥等候，昙宗他们一到，十四匹战马飞奔而去。昙宗用胳膊夹着王仁则骑马跑在队伍中间。没走多远，郑兵就追了过来。这时正好唐兵从西面杀出，将李世民和十三个和尚让过，迎头与郑兵拼杀起来。十三个和尚将事情经过从头至尾向李世民说了一遍，又把俘虏王仁则和那枚秦王印交给了李世民，然后就回柏谷庄去了。

刘感誓死守城

公元 617 年，薛举与其子薛仁杲占据陇西之地，拥兵十三万，自称西秦霸王，不久称帝。李渊称帝的消息传到陇西，薛举坐不住了，他决定先下手为强。唐高祖武德元年（618），薛举、薛仁杲率领军队进犯。唐高祖李渊派秦王李世民为主帅讨伐薛举。七月，薛举在浅水源击败唐军，唐士兵亡者十之五六，大将慕容罗睺、李安远、刘弘基阵亡。

薛举正准备进攻长安时，突然病倒，于八月初九死去，薛仁杲即皇帝位，率领军队围攻泾州。当时守泾州的是唐骠骑将军刘感。刘感，岐州凤泉人，北魏司徒高昌王刘丰生之孙。刘感环城固守御敌，城中粮食都吃光了，便杀所骑的马分给将士们，刘感自己却一点也不吃，只取些马骨煮水，掺和些木屑吃下去。相持多日，城池多次差点儿陷落。长平王李叔良援兵到了，薛仁杲趁机假意撤退，迷惑刘感，刘感中计。为掩护大部队撤退，刘感不幸陷入西秦军包围中，被生擒。

刘感被带到薛仁杲面前，薛仁杲先让人为他松绑，然后仔细打量了他一番，道："看你也并非勇武过人之辈，能守泾州孤城这么久，倒是很让本王佩服。不过，今日你被本王生擒，还有什么话说？"刘感说："败军之将，无话可说，任凭发落！"薛仁杲接着说："对李世民你已经尽忠尽义，没有必要再回去送死。只要肯跟着本王，本王直接封你为大将军，比你在李唐的骠骑将军职位只高不低！"

薛仁杲又包围了泾州城，刘感被五花大绑带至城下，泾州城内守兵很快便认出了刘感，城内起了一阵骚动。城墙上的将士看到自己的将军被捕，都无比悲痛。薛仁杲强令刘感对城中人喊话："援军已败，你们白白地驻守孤城有什么用？应该早早投降，以保全家室。"刘感却大声喊道："逆贼的粮食快吃光了，已是饥饿之军，亡在旦夕！秦王李世民率领几十万大军，正四面聚集而来，城中诸位不要担心，各人自勉，以全忠义大节！你们一定要顶住啊！"薛仁杲气极，大喊："来人啊，把这个不讲信用的家伙给我埋了！"把刘感抓到城墙边，将他半截身子埋在地下，然后骑马射杀他，一箭接着一箭，即便乱箭穿身，鲜血从体内汩汩流出，刘感至死都一声不吭。

看到这悲壮的一幕，泾州守兵泪流满面，亲见他们敬爱的将军刘感死于乱箭之下，人人义愤填膺，士气高昂，泾州城如泰山般不可撼动！

不久之后，刘感死节的消息传到了唐高祖李渊的耳朵里，李渊叹息良久，特地叫来史官令狐德棻，吩咐道："刘感的事迹，必须载入史册。"平定薛仁杲后，李渊访得刘感的尸体，以少牢之礼祭祀，并赠瀛州刺史，封平原郡公，谥曰"忠壮"。让他的儿子承袭官职与爵位，并赐给田地房宅。

勇猛无敌秦叔宝

秦琼，字叔宝，齐州历城人，唐朝开国将领，凌烟阁二十四功臣之一。

隋朝末年，隋炀帝杨广横征暴敛，荒淫无道，滥杀无辜。为到扬州看琼花，大修运河，搞得大隋朝国库空虚，民怨沸腾，甚至到了人吃人的地步。农民起义风起云涌，整个国家破败不堪，民不聊生。

江苏下邳的卢明月，打着起义的旗号，招募了数十万人，到处烧杀抢掠，无恶不作。齐郡郡丞张须陀，在下邳与卢明月军交战。当时，双方力量悬殊，张须陀部队仅一万来人，卢明月军则有十多万人。相持十多天后，张须陀已是人困粮绝。这时候，秦叔宝和好友罗士信都在张须陀的部队服役。秦叔宝十七八岁，而罗士信仅十五岁。罗士信见情况危急，立即挺身而出，向张须陀献计：我愿带领一千人的敢死队，于今夜偷袭卢明月的大营。张须陀见罗士信还是个孩子，不放心。这时候，秦叔宝站出来请战，愿意同罗士信一道率领敢死队夜袭敌营。张须陀见一向以勇猛善战著称的秦叔宝请战，十分高兴，立即让秦叔宝和罗士信从一万人马中挑选一千名敢死队队员。军士们一见秦叔宝担任敢死队队长，一个个纷纷请战，要求加入。

夜幕降临，秦叔宝的敢死队饱餐战饭，扎束停当，随着秦叔宝和罗士信悄悄地出发了。敢死队的战马都用粗布裹住马蹄，马嘴里衔上嚼子，悄无声息地向敌营进军。卢明月连日来打了几场大胜仗，已经被胜利冲昏了头脑，做梦也想不到张须陀的部队会偷袭大营。卢明月军中喝酒的、打牌的、唱歌的，应有尽有，洋相百出。至后半夜，一个个死睡如泥，鼾声一片。几个站岗的士兵，倚着寨门打瞌睡，刮不死灯在风中摇来摇去，忽明忽暗，一派死气沉沉的景象。

说时迟，那时快，秦叔宝令旗一摆，一声唿哨，一千人的敢死队狂风一般杀向敌营，犹如砍瓜切菜一般，许多士兵还在睡梦之中，头颅就咕噜噜地滚在了一边，喊杀声夹杂着哭爹叫娘声，在黑夜里显得格外瘆人。听到喊声的敌军将领，来不及披挂就拿起武器冲杀过来，秦琼、罗士信各显神通，手中枪左扎右刺，前挑后挡，在敌军中左冲右突，如入无人之境。只见沾着的死、遇上的亡，鲜血像一道道彩虹在空中乱射，两人所到之处，尸横遍野。敌军见状，纷纷向后败退。张须陀见秦叔宝、罗士信的敢死队得手，立即率大队人马赶杀过来。卢明月的十万人马被全部消灭，只带着一百多人逃跑了。秦叔宝的勇猛多智很快扬名于军中。

张须陀死后，秦叔宝率领残兵投靠了隋将裴仁基。大业十三年（617）四月，裴仁基与瓦岗军作战不利，索性投降了瓦岗军，秦叔宝遂亦成为瓦岗军李密的手下。李密在河南邙山与王世充的军队正面决战，瓦岗军烟消云散，李密独自投奔了大唐，秦叔宝、程知节万般无奈之下，归顺了王世充。秦叔宝得到高官厚禄，得封龙骧大将军，却很快就鄙薄王世充的为人。程知节对秦叔宝言道："王世充没有器量，又爱诅咒发誓，活像个巫婆神汉，奸诈狡猾，决不可能是天下归心的明主，我们跟着他没有出路。"秦叔宝深表赞同，决定离开王世充，另投明主。

此时，李渊父子威名远震，出师以来势如破竹，秦叔宝、程知节心中倾慕，决定到大唐去建功立业。

秦叔宝和程知节归唐之后，被唐高祖李渊指派到秦王李世民帐下。此时，秦叔宝才二十出头的年纪，与年轻英武的秦王一见如故，很快受到了秦王的重用。秦叔宝被授予马军总管，程知节被授予秦王府左三统军，李世民亲自挑选千余精锐骑兵，穿皂衣黑甲，由秦叔宝、程知节等人统领，组成玄甲队，每战必为先锋，开始了扫平割据势力的征战历程。

公元619年三月，北方最大的割据势力刘武周举兵攻唐，刘武周大将宋金刚乘胜前进，一路凯歌，大唐的河东领土几乎全部失陷。李世民眼见情势危急，挺身而出，承担起了收复河东的重任。

李世民的三万精兵渡过黄河，在柏壁与宋金刚军对峙。宋金刚孤军深入，利在速战速决，李世民坚壁不出，又派人截断宋金刚的粮道，等待宋金刚粮草耗尽，无以为继。此前，河东的夏县与蒲州起兵响应刘武周，大唐派永安王李孝基前往征剿，宋金刚派尉迟恭增援夏县守军，里应外合，将永安王李孝基及手下将领悉数擒获。尉迟恭得意洋洋，准备还军浍州。此时，秦叔宝已经埋伏在夏县与浍州之间的美良川，准备给尉迟恭一个迎头痛击。尉迟恭早已被胜利冲昏头脑，未将秦叔宝的伏军放在眼里，双方交手之后，才发现此路唐军勇猛无敌，势不可当，尉迟恭左冲右突，奋力杀出包围圈，狼狈逃向浍州。秦叔宝部斩首二千余级，一举扭转了整个战局。次年四月，宋金刚军粮草耗尽，撤兵回军，李世民开始后发制人，全力追击。唐军将士一天驰骋二百里，终于在雀鼠谷追上了宋金刚的主力部队，一天之内连打八仗，俘斩数万人，宋金刚、尉迟恭逃往介休，唐军如影随形，紧跟不放。宋金刚万般无奈，率领两万士兵在介休背城布阵，以最后的老本与唐军决战，终被击溃。柏壁之战，河东收复，秦叔宝战功最著，唐高祖欣喜万分，加封秦叔宝上柱国，赏黄金百斤、杂彩六千段。他派人送给秦叔宝一个金瓶，告诉秦叔宝："你不顾自己的妻儿，远来投奔我，立下大功。如果我的肉可以食用，我都应该赐给你，何况那些子女玉帛？你要以此为勉励，带领部下，为大唐再立新功。"很快，秦叔宝成为秦王右三统军。

王世充趁着唐军在河东作战，夺取了河南的许多州县，成为大唐急须解决的心腹之患。李渊令李世民率领八万军队进攻王世充，每次战斗秦叔宝都充当先锋。

困守洛阳的王世充，弹尽粮绝，只得向窦建德求援。窦建德不是等闲之辈，当然明白唇亡齿寒的道理，他决定联合王世充共同对抗唐军。三月，夏王窦建德亲率十余万大军驰援洛阳，很快推进到东原一带。李世民采纳郭孝恪等人的建议，继续用重兵围困洛阳城，亲率精锐步骑三千五百人抢占虎牢，阻止窦建德军西进。五月初二，决战打响了。秦叔宝横枪跃马，从敌军正面一直杀到敌军背面，又从敌军背面杀到敌军正面，千军万马之中，纵横驰骋，勇不可挡，敌军心生怯意，阵脚大乱，唐军一鼓作气，赢得胜利，窦建德被俘。王世充眼见窦建德军的主力已经溃败，洛阳城不会再有援军，走投无路之下，向唐军弃械投降，中原主要地区被唐军掌控，唐王朝的统一大业初告成功。秦叔宝受赐黄金百斤、帛七千段，因功进封翼国公。

七月，窦建德在长安遇害，其旧部高雅贤等人共推刘黑闼为首领，起兵反唐，半年之内，尽复窦建德故地，占据了河北大部分郡县和河南部分地区，且与突厥狼狈为奸，得到了突厥颉利可汗的支援，一时声势惊人，严重威胁了唐朝在河北的统治。十二月，秦叔宝随李世民出征，迎击刘黑闼部，又立殊勋。三月，刘黑闼粮草已尽，粮道又被李世民截断，不得不与唐军决一死战。刘黑闼的两万步骑渡过洺水，与唐军展开了殊死搏斗。战斗从中午一直持续到黄昏，唐军气势如虹，刘黑闼军拼命顽抗。唐军决开洺水，顿时浊浪滔天，刘黑闼军终于士气崩溃，被唐军斩首一万余级，数千人淹死。刘黑闼带着两百骑兵仓皇逃走。沦陷州县光复。秦叔宝再受重赏，前后受赐的金帛数以千万计。

在跟随李世民的征战中，每逢敌人的骁将锐卒在阵前挑衅，李世民总让秦叔宝去拿下他们，秦叔宝提枪跃马而去，"必刺于万众之中，人马辟易"，堪称英雄盖世的万人敌。

忠勇双全尉迟恭

尉迟恭，字敬德，朔州善阳人，唐朝大将。他纯朴忠厚，勇武善战，一生戎马倥偬，征战南北，驰骋疆场，屡立战功，凌烟阁二十四功臣之一，封鄂国公。

尉迟恭年少时以打铁为业。隋炀帝大业末，尉迟恭从军于高阳，以武勇称，累授朝散大夫。大业十三年（617），刘武周起兵，收尉迟恭为偏将，与宋金刚南侵，陷晋、浍二州。武德三年（620），李世民征讨刘武周，尉迟恭与寻相举城投降。李世民大悦，赐以曲宴，引为右一府统军。

同年七月，李世民奉命率军东征割据洛阳的郑帝王世充。九月，寻相和刘武周手下的一些旧将相继叛变逃走，唐朝诸将对尉迟恭也怀疑起来，认为尉迟恭必叛，就把他关押在军中。行台左仆射屈突通、尚书殷开山都建议杀了他。李世民力排众议，当即命令释放尉迟恭，并将他带进自己的卧室，赏赐金银珠宝，尉迟恭深为感动。一天，尉迟恭陪同李世民到榆窠打猎，碰上王世充带领几万步兵骑兵前来挑战。王世充的骁勇将领单雄信带领骑兵直奔李世民而来，尉迟恭驱马冲上前去，大吼一声，斜刺里一枪把单雄信挑下马来。尉迟恭保护李世民杀出包围后，又带领骑兵跟王世充作战，几个回合后，郑军狼狈逃散，郑将陈智略及手持长矛的骑兵六千人被俘。

从太原起兵到统一全国的过程中，李世民屡建奇勋，威望很高，并形成了以秦王府谋士和勇将为核心的实力雄厚的政治集团，对太子李建成构成了严重威胁。李建成为保住太子地位及皇位继承权，与齐王李元吉勾结，共同反对李世民。由于尉迟恭是李世民手下大将，李建成便先向尉迟恭下手。他们秘密递信与尉迟恭示意结交，接着赠送他一车金银器物，尉迟恭断然拒绝。李建成颇为恼火。李元吉等人非常忌恨尉迟恭，派刺客去暗杀他。尉迟恭知道他们的阴谋，就大开重重门户，若无其事地睡觉，刺客多次走进他家厅堂，终究不敢走进卧室。后来李元吉又在李渊面前诬陷尉迟恭，李渊下令囚禁审讯，准备杀掉他，李世民坚决劝谏才化险为夷。

武德九年（626），突厥入侵乌城，李建成推荐李元吉为统帅出兵抗敌，密谋请李世民到长安近郊的昆明池一起送行，意在乘机杀害。尉迟恭获悉此阴谋，告诉了李世民，并主张除掉李建成和李元吉。李世民还是犹豫不决，尉迟恭晓以利害关系，李世民这才下了决心。

六月四日清晨，李世民率尉迟恭等九将伏兵玄武门内射杀李建成。李元吉中流矢坠马，逃入树林中。李世民纵马追赶，但衣服被树枝挂住，坠马落地。李元吉见状，立刻返身赶到，夺弓就要射杀李世民。危难之时，尉迟恭及时赶到，将李元吉射杀。

这时，李渊正在海池上划船游览。李世民命令尉迟恭去保卫高祖。尉迟恭身穿铠甲手执武器，直奔海池。李渊极度震惊，问道："今天发动叛乱的是谁？你到这里来干什么？"尉迟恭回答说："由于太子、齐王发动叛乱，秦王派兵杀了他们，他担心陛下受惊，派我来值班警卫。"高祖这才放心。南衙卫兵、北门羽林军以及东宫、齐王府、秦王府的将士还在混战，尉迟恭奏请高祖亲笔写了道诏令，命令各部人马一并听从秦王处置，宫廷内外得以安定。李渊慰劳尉迟恭说："你为国家立下了稳定政权的大功勋。"赏赐给他很多珍贵物品。李世民立为太子后，任命尉迟恭为太子左卫率。

当时的舆论认为李建成等人的一百多名部属，都应判处胁从罪，没收他们的家产，只有尉迟恭坚持反对，说："两名罪魁祸首已经惩罚完毕，如果再株连他们的部属，这不是稳定局势的政策。"因此众人都免于处分。后来论功行赏，尉迟恭和长孙无忌定为头等，每人赏赐了一万匹绢，齐王府的钱财器物，连同整个府第，都赏给了尉迟恭。

柴绍，字嗣昌，邢州尧山人。唐初大将，凌烟阁二十四功臣之一。柴绍出身将门，自幼便以"矫捷有勇力，以抑强扶弱"而闻名。少年时，便当了隋朝元德太子（隋炀帝长子）的陪伴。唐国公李渊将三女儿（即后来的平阳昭公主）嫁给了柴绍。

大业十三年（617）四月，李渊在晋阳起兵，并秘密派人召回当时还在长安的柴绍夫妇。二人接信后，商议让柴绍先行自长安起程赶往晋阳。

李渊太原起兵后，于六月建大将军府，授柴绍右领军大都督府长史之职。七月初五，李渊统甲士三万于晋阳誓师出发，柴绍兼领马军总管。李渊军将至霍邑时，柴绍在城下侦察了隋守将宋老生的布防，回来后对众将领说："老生有匹夫之勇，我师若到，必来出战，战则可擒矣。"李渊计诱宋老生出城，两路夹击，大败隋军。李渊军攻取霍邑后，沿汾水南下，一路攻城掠地。柴绍每战都当先登城破阵，因功又授右光禄大夫。十五日，李渊军进至龙门。九月初，隋将屈突通派桑显和率数千名士卒乘夜袭击王长谐等军，王长谐等初战不利。柴绍与史大奈率轻骑从侧后袭击桑显和军，桑显和大败，退回河东。十一月，李渊攻克长安，拥杨侑即位。柴绍进右光禄大夫，封临汾郡公。

武德六年（623）四月，吐谷浑侵扰芳州，唐芳州刺史房当树逃奔松州。吐谷浑军进扰洮、岷二州，柴绍奉命率兵前去救援。六月，柴绍军进至岷州，被围困在一山谷中。吐谷浑军居高临下射击柴绍军，箭如雨下，形势危急，唐军将士皆大惊失色。柴绍临危不惧，安然而坐，让人弹奏胡琵琶，使二美貌女子翩翩对舞。吐谷浑士卒非常奇怪，都放下弓矢驻足观望。柴绍见吐谷浑军阵容不整，乘其无备，暗遣精骑绕到吐谷浑军背后，突然袭击，大败吐谷浑军，斩首五百余级。八月，吐谷浑归附唐朝。

自大业十三年（617）二月起，朔方鹰扬郎将梁师都据朔方郡，起兵反隋，后称帝，国号梁。唐朝建立后，梁师都依附突厥，经常引突厥军南下侵扰。唐军虽多次击败梁师都军，但因其受突厥保护，一直未能将其歼灭。

贞观二年（628），突厥内部争斗，政局混乱，无力继续庇护梁师都。唐太宗李世民乘机用书信劝梁师都归降，梁师都不从。太宗于是命夏州都督长史刘旻、司马刘兰成伺机出击。刘旻等数次遣轻骑践其禾稼，又使反间计离间其君臣，梁师都国势渐衰，手下降唐者日众。梁师都名将李正宝等企图抓获梁师都投唐，事情败露后，降唐。从此，梁国上下更加互相猜忌。刘旻等见时机成熟，上表请求出兵。

唐太宗即命柴绍与殿中少监薛万均率军攻打梁师都，同时又遣刘旻等进屯朔方东城进逼。梁师都引突厥兵至城下，唐将刘兰成偃旗息鼓，按兵不动，待梁师都夜间退兵时，出兵追击，大败其军。突厥发兵救援梁师都，柴绍军在离朔方数十里处与其遭遇。柴绍率军奋勇出击，大破突厥军，乘胜包围了朔方城。突厥不敢救援，朔方城城中很快就断了粮。四月二十六日，梁师都堂弟梁洛仁杀梁师都，举城投降。

平阳公主是唐高祖李渊的第三个女儿，从小受父亲影响，习文练武，饱读兵书，为人善良，忧国忧民。李渊将她嫁给了武将柴绍为妻。婚后，柴绍携妻定居长安城。

隋大业十三年（617）五月，李渊决定起兵。李渊起兵前，平阳公主与柴绍正在长安，李渊派遣使者秘密将他二人召回来。柴绍和平阳公主商量后，决定柴绍先回太原，平阳公主暂时留守，另做安排。于是，柴绍立即从小道直奔太原，而平阳公主则在后方进行各种安排。她很快动身回到鄠县的李氏庄园，女扮男装，自称李公子，将当地的产业变卖，赈济灾民，很快就招收了一支几百人的队伍。李渊起兵的消息很快就传来了，平阳公主听到这个消息，决心要为父亲招募更多的军力。

平阳公主到处联络反隋义军，她以超人的胆略和才识，在三个多月的时间里，就招纳了四五支在江湖上已有相当规模的起义军，其中最大的一支就是胡商何潘仁。平阳公主收编了何潘仁后，又连续收编了李仲文、向善志、丘师利等义军，势力大增。在此期间，隋朝廷

不断派兵攻打平阳公主。平
阳公主率领的义军不但打败
了每一次进攻，而且势如破
竹，连续攻占了户县、周至、
武功、始平等地。

这支由女人做主帅的义
军，军纪非常严明，平阳公
主令出必行，整支军队都对
她肃然起敬。老百姓将平阳
公主称为"李娘子"，将她的
军队称为"娘子军"。娘子军
威名远扬，很多人都不远千
里来投奔。

公元617年九月，李渊
主力渡过黄河进入关中，他很高兴地看到他的三女儿已经为他在关中打
下了一大片地盘。他派柴绍带了几百骑兵去迎接平阳公主。平阳公主挑
选了一万多精兵与李世民会师于渭河北岸，共同攻打长安。柴绍属于李
世民的部下，与平阳公主平级。夫妻二人各领一军，各有幕府。十一月，
他们兵汇一处，很快就攻克了长安。

关中平定之后，李渊将自己这位才略出众的爱女封为"平阳公主"。
因为独有军功，每次赏赐，都与其他公主有所不同。

攻克长安之后，平阳公主再次为大唐的江山立下功劳。因为李渊当
时虽然拿下了长安，但他只大致控制了半个关中，四周都是敌人。平阳
公主这时的主要任务就是防守李家的大本营山西，驻守苇泽关。苇泽关

位于今山西省平定县东北的绵山上，为出入山西的咽喉。山西是中原和关中地区的屏障，无山西则中原和关中不稳。

李渊皇帝当到第六个年头时，平阳公主谢世。李渊得信，老泪纵横，说道："这女儿，胜过我膝下的诸多男儿啊！我怎能忘了你为大唐创立作出的巨大贡献！"李渊专门下旨，命平阳公主的葬礼按将军规格举行，奏军乐，加羽葆、虎贲。

唐太宗单骑力挫颉利可汗

唐武德九年（626）冬，秦王李世民在长安城宫城北门玄武门杀死太子李建成和齐王李元吉，八月九日，继天子位。得知唐帝国权力变更的颉利可汗，发兵十余万，南下进攻泾州，而后一路挺进到武功，唐朝的都城长安受到威胁，长安城戒严。八月二十四日，突厥军队攻击高陵。李世民派出勇将尉迟敬德，作为泾州道行军总管，抵达泾阳，防御突厥。尉迟敬德抵达前线后，立即组织反攻，与突厥军队在泾阳打了一场恶战。尉迟敬德勇不可挡，生擒敌军将领阿史德乌没啜，并且击毙突厥骑兵一千余人。虽然尉迟敬德在泾阳之役中取得小胜，但是仍然无法遏制突厥人的前进步伐，颉利可汗的主力进抵渭水河畔，直逼长安城。

唐太宗亲自带领高士廉、房玄龄等六骑出长安城径直到渭水之滨，东突厥军队万没有想到唐朝皇帝居然几乎是单枪匹马地前来，加上素闻大唐秦王威名远播，武功赫赫，其中不少东突厥将士还曾经在正面交锋中吃过一些苦头，他们居然纷纷下马遥拜太宗。不一会，唐军大部队抵达桥边，旌旗招展，铠甲明亮耀眼，遮蔽原野。唐军虽然人数众多，却丝毫不显杂乱。唐太宗与颉利可汗隔渭河对话，太宗大声斥责颉利负约背义。突厥可汗大惊，慌忙下马，纳头便拜。唐太宗见对方不再强势，也不进逼。他命令部队后退列阵，自己留下继续与颉利可汗交涉。交涉结果，颉利可汗向唐朝请求和解，李世民同意和谈。

两天后，唐太宗与颉利可汗在长安城西郊的渭水便桥上，签署了和平协议，双方立刻斩杀白马立盟，史称"渭水之盟"。之后，颉利可汗率突厥全体撤退，一场大战偃旗息鼓。九月，突厥颉利可汗献马三千匹、羊万口。

"渭水之盟"是唐政府对突厥关系史上的一次胜利，避免了唐朝在不利条件下的作战，从而稳固了唐朝初立的根基，为唐朝发展经济、积蓄力量赢得了时间，这也是唐与突厥强弱变化的转折点。

苏烈，字定方，冀州武邑人，后迁居始平（今陕西兴平以南）。历任唐朝左武侯中郎将、左卫中郎将、左骁卫大将军、左卫大将军之职，封邢国公，加食邢州、巨鹿三百户。

苏定方少时以勇猛闻名，十五岁随父上战场，原来是窦建德的部下，后归李唐。公元630年，苏定方随李靖突袭东突厥，率两百骑兵为前锋，乘天大雾，直冲进敌军统帅的营帐，杀得颉利可汗猝不及防，仓皇逃走，为阴山之战的胜利作出了贡献。

高宗永徽六年（655）五月，苏定方随从葱山道行军大总管程知节征讨西突厥，被任命为前军总管。大军行至鹰娑川，西突厥两万精骑前来抵御。两军展开恶战，西突厥别部鼠尼施等又率领两万多骑兵前来增援，形势相当危急。当时苏定方所部正在歇马，与大总管营帐相距十余里，中间只隔着一座小岭，苏定方看到远处尘土飞扬，知道敌人大军已至，立即率五百骑驰往击之，苏定方追奔二十里，杀一千五百余人，获马二千匹，死马及所弃甲仗绵亘山野，不可计数。副大总管王文度嫉妒苏定方的功劳，假称皇帝另有诏命，说程知节恃勇轻敌，故让他从中节制，随即集结军队，下令不许深入敌中。唐军终日跨马披甲结阵，由是马多瘦死，士卒疲劳，无复斗志。苏定方心急如焚，对程知节说："天子诏令讨敌，如今反而自守，马饿兵疲，逢敌必败。如此怯懦，怎能立功？况且公为大将，前线之事不能自己决断，反而另派副将节制，岂有此理！应拘禁王文度，将此情节急奏朝廷！"程知节没有听从。大军到达恒笃城，有胡人率众归降，王文度又说："这些胡人现在投降，等官军撤回后，他们仍会反叛，不如把他们杀尽，夺取他们的资财。"苏定方说："如果这样处置，那便是自己当贼，又怎能说是讨伐叛逆？"王文度不听。等到瓜分资财时，只有苏定方一无所取。显庆元年（656）十二月，唐军最终无功而返，王文度坐矫诏罪该当判处死刑，后得以除名为民；程知节坐逗遛追贼不及而贻误战机罪，被撤职处分。

公元 657 年，苏定方升伊丽道行军总管，率领万余唐兵和回纥兵组成的混合军团征讨西突厥阿史那贺鲁。先击木昆部，破之。部队到了曳咥河西，贺鲁率军十万将他们包围。苏定方命步兵持矛环据南原，自率骑兵列阵于北原。西突厥军三冲南原未逞，苏定方率骑兵乘势反击，大败西突厥军，追击三十里，斩获数万人。接下来前进的途中天降大雪，苏定方说服部众昼夜兼程，继续追歼，在双河时与南路唐军会师，又长驱二百里，直抵金牙山贺鲁牙帐，把西突厥的老窝端了，其军士数万人，悉归其部。苏定方又派了一队人马继续追击逃亡的贺鲁父子，最终生擒阿史那贺鲁。此战，苏定方对西突厥实行分化和重点打击相结合的方略，攻守兼施，及时反击，穷追猛打，连续作战，终获大胜。

五绝大臣虞世南

虞世南，凌烟阁二十四功臣之一，越州余姚人。享年八十一岁，赐礼部尚书。其书法刚柔并重，骨力遒劲，与欧阳询、褚遂良、薛稷并称"唐初四大家"。

虞世南自幼身体羸弱，博闻强识。少年时与兄虞世基一起拜博学广识的顾野王为师，十余年勤学不倦，尤喜书法，与王羲之七世孙智永和尚友善。虞世南在智永的精心传授下，妙得其体，圆融遒丽，外柔内刚，继承了二王（王羲之、王献之）书法传统。他写的《孔子庙堂碑》深得唐太宗李世民的赞赏。

虞世南虽然容貌怯懦，弱不胜衣，但性情刚烈，当政得失，直言敢谏。他多次讽劝唐太宗要勤于政事，并以古帝王为政得失，论证利弊。贞观八年（634），虞世南进封永兴县公。同年，陇右山崩，大蛇多次出现，山东及江淮多次遭大水。太宗问虞世南："这是天变吗？"虞世南以晋朝以来历次山崩为例，说："臣闻天时不如地利，地利不如人和。如果不修德行，即便得到麒麟、凤凰，最终也是没用的；治理国家小心谨慎，少有错误，就是有了灾难也没有什么。希望陛下不因功高而自满、不因太平已久而骄傲松懈，始终如一。"太宗听后敛容反省，认为此言对自己有警醒作用。

唐高祖李渊死后，李世民下诏为父亲建造陵墓，以汉高祖刘邦墓——长陵为模式，极其隆厚，劳民伤财。虞世南两次上疏谏阻，认为立国不久，应当节用安民，主张"薄葬"。公卿百官又奏请遵照高祖遗诏办事，务从节俭。在虞世南和群臣的劝谏下，陵墓的规模大有减省。他还严正劝阻唐太宗不要恣于游猎而疏于政事。这些都对当时的"贞观之治"的达成起着积极的作用。唐太宗曾对大臣们说："你们如果都像虞世南那样刚正忠烈，天下何忧不理。"

有一次，唐太宗写了一首宫体诗，叫群臣应和。虞世南怕这种"体非雅正"的诗流传开去，天下风靡，影响不好，拒绝作应制诗。

凡此种种，都可看出虞世南刚直忠贞的品性。太宗常称虞世南有"五绝"，就是"德行、忠直、博学、文词、书翰"，"有一于此，足为名臣"，"世南一人，有出世之才，遂兼五绝"，对他评价极高。

敢于进谏的魏徵

　　魏徵是唐初杰出的政治家，字玄成，魏州曲城人。幼失父母，家境贫寒，喜爱读书，曾出家当过道士。隋朝末年参加瓦岗军，后来随同李密投奔唐朝，做辅佐太子的官。他曾几次劝李建成除掉李世民，因此，李世民对他恨之入骨。玄武门事变以后，李世民派人找来魏徵，沉着脸质问他："魏徵，你挑拨离间，造成我们兄弟不和，是何道理？"魏徵神色自如，不慌不忙地说："我在太子手下做官，当然要为太子尽心尽力，出谋划策是我的本分。可惜先太子没有听我的话，否则他不会落得今天这样的下场。"大臣们听了更加紧张，没想到李世民倒转怒为喜。他器重魏徵的正直，不但没处分他，还任命他做了谏议大夫。

　　同年，河北一带原太子李建成、齐王李元吉的旧属，因玄武门事件搞得人人自危，李世民派魏徵前往河北进行安抚。路上魏徵正好碰见太子的旧部李志安、齐王护军李思行被押往京城，魏徵将二人释放，仍旧任命官职，这样河北一带的太子旧属大为感动，人心安定。

　　战乱之后，壮丁较少，兵源不足，主持征兵的右仆射封德彝向唐太宗李世民建议，不满十八岁的男子人数不足，不妨降低征召年龄，唐太宗同意了。但魏徵将诏书扣住不发，唐太宗催了几次，魏徵还是不发。唐太宗大发雷霆，质问魏徵为何扣发他的诏书，魏徵不慌不忙地说："我听说，把湖水弄干捉鱼，虽能捉到鱼，但到明年就无鱼可捉了；把树林烧光捉野兽，也会捉到野兽，但到明年就无兽可捉了。如果把那些身体强壮，但不满十八岁的男子征来当兵，以后还从哪里征兵呢？国家的租税杂役又由谁来承担呢？陛下的诏书上清楚地写着征召十八岁以上的男子当兵，现在不到十八岁的也征召，这岂不是不讲信用吗？"说得唐太宗哑口无言，好半天才说："你讲得大有道理，我想得很不周道。我见你一直阻挠这事，总觉得你过于固执，不通情达理，今天听你议论国家大事，才知道我的过错很大啊！"唐太宗立即下诏，免征不到十八岁的男子。

当然，唐太宗对魏徵的劝谏并不是每一次都能愉快接受的，有时是既恨又怕，甚至还想干脆杀掉他！一次，唐太宗罢朝回来，气冲冲地对皇后说："我应当杀了这个乡巴佬！"长孙皇后赶忙问要杀谁，唐太宗说："魏徵这家伙，老是在朝廷上折辱我。"皇后听了这话，连忙回去换上朝服，恭恭敬敬地站在庭院里。太宗见了，十分惊讶，问她干什么，皇后说："我听说只有圣明的君主才能有正直的臣下，现在魏徵正直敢言，全是由陛下的英明所致呀，我怎敢不表示祝贺呢？"太宗听后转怒为喜。

一天，唐太宗正在逗弄一只小鹞子，看见魏徵走来，怕魏徵责怪，急忙将鹞藏在怀中。魏徵装作没看见，向唐太宗奏事，故意拖延时间，等他离开时，鹞已死在太宗怀中了。

有一次，太宗问几位大臣："做皇帝的人要如何才能英明？怎样就会昏暗？"魏徵答道："兼听则明，偏信则暗。"对前一句，他举了尧、舜兼听的例子；后一句，他举了秦二世偏信赵高、隋炀帝偏信虞世基的事例。

唐太宗毕竟是一位明君，他虽然也像常人一样，喜欢听顺耳谀辞，不喜欢听逆耳忠言，但他还是能克制住自己的情绪，保持较为清醒的头脑，所以，他对魏徵既尊重，又保持着良好的感情。

贞观中期以后，朝廷大臣都尽力歌颂太平盛世，魏徵却给太宗上了一道奏章，指出他十个方面的缺点，希望他警惕，保持贞观初年的好作风。唐太宗把这个奏章写在屏风上，早晚阅读，引以为鉴。

唐太宗对魏徵既赏识又敬畏。魏徵病逝后，唐太宗悲伤地说："一个人用铜作镜子，可以照见衣帽是不是穿戴得端正；用历史作镜子，可以知道国家兴亡的原因；用人作镜子，可以发现自己做得对与不对。现在魏徵死了，我失去了最珍贵的一面镜子。"

贞观十年（636），曾为秘书郎的褚遂良出任起居郎一职，专门记载皇帝的一言一行。

一次李世民问褚遂良："你记的那些东西，皇帝本人可以看吗？"褚遂良回答说："今天的起居之职，就是古时的左右史官，善恶必记，以使皇帝不犯过错。我是没有听过做皇帝的自己要看这些东西。"李世民又问："我如果有不好的地方，你一定要记下来吗？"褚遂良回答说："我的职责就是这样的，所以您的一举一动，都是要写下来的。"

李世民想亲自去征讨辽东，此事遭到了褚遂良的反对，但是李世民态度强硬，褚遂良没有再坚持，跟随唐太宗远征辽东。

太宗死后，传位高宗李治，在李治册封武媚娘皇后之前，很多大臣是坚决反对的，其中以褚遂良、长孙无忌、李勣等反应最为强烈。

他们想力谏高宗，长孙无忌要第一个进去劝谏，因为李治决心已下，这个时候谁去阻挡他，无异于去送死。

褚遂良拦住了长孙无忌，道："长孙太尉是国舅，如果事情不顺利，就会让皇上背上一个向舅舅发怒的名声，这不好！"

李勣说："请让我李勣先进去吧！"

褚遂良说："李司空，你是国家的重臣，一旦事情难办，就会让皇上背上一个无端惩治重臣的坏名声，这样不好。褚遂良我出自布衣，没有立下一点功勋，只不过受太宗宠遇，这才有了今天。今天正是我报答太宗恩情之时，如果我不去，何以面对先帝的在天之灵啊！"于是第一个冲了进去。结果，褚遂良妙语连珠，竟然把高宗暂时说服了，册封皇后之事，暂时束之高阁。

裴行俭，绛州闻喜人。唐高宗时名将，隋朝礼部尚书裴仁基次子。

调露元年（679），突厥的阿史德温傅背叛唐朝，单于管辖的二十四个州造反响应他，有几十万之众。都护萧嗣业征讨没有成功，后任亦连连失败。高宗诏令裴行俭任定襄道行军大总管加以讨伐。裴行俭统率太仆少卿李思文、营州都督周道务的部队十八万人，会合西路军的程务挺、东路军的李文暕等人，总共三十多万人马，军旗连绵上千里。

在这以前，萧嗣业运输军粮，多次被敌人抢走，士卒饥饿而死。裴行俭准备了三百乘假粮车，每乘车里埋伏五名骁勇的士卒，带着斩马的长刀、强劲的弓弩，让瘦弱的士卒拉车前进，选派精兵秘密地紧跟在后边。敌人果然来抢粮车，拉车的瘦弱士卒假装弃车逃亡，敌人用马把车迅速拉到有水草的地方，解下马鞍，让马吃草。正要从车里拿粮食，骁勇的士卒猛然冲出，后边的伏兵亦恰好赶到，几乎将突厥军杀俘殆尽。从此以后没有哪股突厥军敢走近唐军的粮车了。

唐朝大军暂时驻扎在单于部的北边。傍晚，营帐扎好，战壕挖好，裴行俭命令迁移到高冈上扎营。军官们说："将士们已经安顿下来了，不能扰乱他们。"裴行俭不听，催促迁移。到了夜晚，狂风暴雨突然来了，原来扎营的地方，积水一丈多深。将士们无不惊叹，询问裴行俭怎么知道会有风雨的，裴行俭说："从今以后只按我的指挥办事就行了，别问我怎么知道的。"

突厥军在黑山连打几仗都失败了，裴行俭让将士们尽情厮杀，杀死的敌人无法统计。突厥未经唐朝封赐的可汗泥熟匐被他的部下杀死，部下提着他的首级前来投降；又活捉了他们的大首领奉职班师回朝，突厥的残余部队逃往狼山。裴行俭回朝以后，阿史那伏念非法自称可汗，又同阿史德温傅会合。

第二年，裴行俭重新统率各路军队，驻扎在代州的陉口，派遣间谍大搞离间活动，使阿史那伏念跟阿史德温傅互相猜疑。阿史那伏念秘密送来降书，并请求让他亲自捆来阿史德温傅以表示诚意。裴行俭呈递密封奏表报告了朝廷。几天后，尘土冲天向南滚来，哨兵惊恐，裴行俭说："这是阿史那伏念押送阿史德温傅来投降了。"于是命令严加防备，派遣一名使者前去慰问。至此，突厥残部全被消灭。高宗十分高兴，派户部尚书崔知悌慰劳部队。

薛仁贵，绛州龙门人，唐太宗、高宗时期名将，北魏将领薛安都的六世孙。在军事、政治上功勋赫赫，为国鞠躬尽瘁，死而后已。

654年，唐高宗行幸万年宫（在今陕西麟游县西），第一天夜里就遇山洪暴发，直冲万年宫北门。卫士们见水势凶猛，各自逃命。薛仁贵登门向宫内呼叫水至，唐高宗听到喊叫声，急忙出宫跑到高处。当高宗回头看时，大水已经涌进了他的寝殿。躲过大难，唐高宗感激薛仁贵，特赐他御马一匹。

龙朔元年（661），一向与唐友好的回纥首领婆闰去世，继位的比粟转而与唐为敌。唐高宗诏郑仁泰为主将，薛仁贵为副将，领兵赴天山击九姓铁勒。临行，唐高宗特在内殿赐宴，席间对薛仁贵说："古代有善于射箭的人，能穿透七层铠甲，你射五层看看。"薛仁贵应命，置甲取弓箭射去，只听弓弦响过，箭已穿五甲而过。唐高宗大吃一惊，当即命人取坚甲赏赐薛仁贵。郑仁泰、薛仁贵率军赴天山后，九姓铁勒拥众十余万相拒，并令骁勇骑士数十人前来挑战。薛仁贵临阵发三箭

射死三人，其余骑士慑于其神威都下马请降。薛仁贵乘势挥军掩杀，九姓铁勒大败。接着，薛仁贵又越过碛北追击败众，擒其首领兄弟三人。薛仁贵收兵后，军中传唱说："将军三箭定天山，壮士长歌入汉关。"从此，九姓铁勒衰败，不再为患。

咸亨元年（670），唐朝为了打击吐蕃和光复吐谷浑，出动五万大军护送吐谷浑王还青海，以薛仁贵为逻娑道行军大总管，阿史那道真、郭待封为副总管。

郭待封是名将郭孝恪之子，曾为鄯城镇守，他不甘心屈居薛仁贵之下，经常不受薛仁贵的节制。唐军抵达青海湖南面的大非川，将要赶往乌海，薛仁贵对郭待封说："乌海地势险要，毒气又多，我军进此必死之地，真是条险路。但是行军迅速就能成功，缓慢就会失败。此处大非岭宽阔平坦，可以设置两座营栅，把全部军需物资藏在营栅里，留下一万人守卫，我军快速挺进，乘敌人没有准备去袭击，就可消灭他们。"薛仁贵率军先行，至河口遇到吐蕃军，击破之，收获牛羊等万余头，回军至乌海城，以待后援。郭待封傲慢，不听从薛仁贵之命，领着粮草辎重等缓缓前行。等郭待封军进至乌海时，吐蕃二十余万大军来救乌海，进击郭待封军，郭军惨败，军粮及辎重都被吐蕃军掳掠而去。薛仁贵只得退军，屯驻于大非川。吐蕃派出四十余万大军进攻唐军，唐军不敌，大败。薛仁贵无奈，只好与吐蕃大将论钦陵约和，才得以退军，然而吐谷浑自此沦陷。因为战败，薛仁贵被革职除名为平民。

不久，朝廷大赦，高宗毕竟还是念旧，召见了薛仁贵，并重新起用他。

开耀元年（681），东突厥不断侵扰唐北境，薛仁贵拜右领军卫将军、检校代州都督。次年，突厥酋长阿史那骨笃禄召集突厥流散余众，扩展势力，自称可汗，于永淳元年（682）据黑沙城反唐。同年，单于都护府检校降户部落官阿史德元珍（因犯罪被囚）闻阿史那骨笃禄反唐，便诈称检校突厥部落以自效，趁机投奔阿史那骨笃禄。阿史那骨笃禄因阿史德元珍熟知唐朝边疆虚实，即令他为阿波大达干，统帅突厥兵马，进犯并州与单于府北境，杀岚州刺史王德茂。

同年冬，六十九岁高龄的薛仁贵带病冒雪率军进击，以安定北边。突厥人问道："唐朝的将军是谁？"唐兵说："薛仁贵。"突厥人不信，说："我们听说薛仁贵将军被发配到象州，已经死了，怎么还能活过来？别骗人了！"薛仁贵于是脱下头盔，让突厥人看。因为薛仁贵威名太盛，曾经打败过九姓突厥，突厥人提起他都怕，见眼前是薛仁贵，立即下马跪拜，把部队撤回。薛仁贵率兵进击，打了一个大胜仗，斩首一万多，俘虏三万多，还缴获了许多牛马。

永淳二年（683），薛仁贵因病于雁门关去世，享年七十岁。唐高宗追赠他为左骁卫大将军。

李嗣业，京兆高陵人，唐朝名将。初任昭武校尉，后历任中郎将、右金吾大将军、骠骑大将军、北庭行军兵马使、卫尉卿、怀州刺史、北庭行营节度使等，封号国公。李嗣业身高七尺，力大超群，擅用陌刀（一种长柄两刃刀），每逢出战，必身先士卒，所向披靡，故敌军称之为"神通大将"。

开元年间，李嗣业跟随安西都护来曜征伐十姓苏禄，李嗣业首先登上城堡抓获俘虏。

天宝六年（747），安西副都护、都知兵马使、四镇节度副使、行营节度使高仙芝奉命率军攻打小勃律国。高仙芝任命李嗣业和中郎将田珍担任左、右陌刀将。当时吐蕃十万军队驻扎在娑勒城，靠山临河，用木材修成城寨，抵御唐军。高仙芝夜里偷渡信图河，下令："中午以前必须攻占连云堡，不然都得死。"战斗开始了，李嗣业身先士卒，挥舞陌刀，率领步兵登上高山，往下推石头砸击敌军。敌军没有料到唐军突然到来，仓促间不及备战，大败，跳下山崖摔死、投水溺死者十有八九。唐军乘胜进军到勃律城，抓获小勃律国国王、吐蕃公主，斩断藤桥，派兵三千戍守。拂菻、大食诸胡七十二国都归顺了唐朝。李嗣业因功升任右威卫将军。回军之后，李嗣业又因功升为疏勒镇守使，捍卫着大唐帝国的边疆地区。疏勒镇曾一度被吐蕃攻陷过，城池残破，缺乏用水。李嗣业不辞辛苦，带领大家修复城墙，挖掘沟渠，引水灌溉，短短几年，疏勒镇面貌一新，成为一方富镇。

天宝十年（751），李嗣业跟随高仙芝讨伐平石国和突骑施，以跳荡先锋加封特进官，兼任本官。

天宝十二年（753），李嗣业升为骠骑大将军，回京面圣。酒宴上，他跳起了疏勒的民间舞蹈，唐玄宗大为欣赏。鉴于李嗣业镇守边疆劳苦功高，皇帝的赏赐极为丰厚。李嗣业回到安西都护府之后，把这些赏赐全部充公，他自己只养了十匹精壮的大宛马，平时的赏赐也多分给将士，因此深受将士们的喜爱和敬重，都愿意跟他冲锋陷阵。

天宝十四年（755）十一月，平卢、范阳、河东三镇节度使安禄山以杀杨国忠为名，在范阳起兵造反，安史之乱爆发。唐玄宗逃往蜀地避难，长安和洛阳都陷入叛军手中。皇太子李亨不负众望，挺身而出，在众人的拥戴下，于甘肃灵武称帝，是为唐肃宗，遥奉唐玄宗为太上皇。各地勤王之师纷纷赶到，李嗣业带领的五千安西精锐来见唐肃宗。安西精锐的到来，让唐肃宗吃了一颗定心丸，他对李嗣业说："今天有你助阵，胜过数万兵卒。成功与否，就看你了。"李嗣业和安西精锐为大军先锋，每战必持大棒冲击，势不可当，所向披靡。唐至德二年（757），安禄山被他的儿子安庆绪杀死，唐军集结了十五万人马，以李嗣业为前军，王思礼为后军，郭子仪领中军，在长安城西的香积寺北与安守忠、李归仁的十万叛军决战。贼将李归仁率精锐骑兵数次挑战，都被唐军万箭齐发，射了回去，唐军骑兵乘胜与叛军激战，结果不敌叛军，反被叛军突入唐

军阵营。此时，唐军阵营一片混乱，溃兵不断后撤，眼看唐军士气就要崩溃。李嗣业站了出来，他对郭子仪言道："今天不跟敌人拼命，我们都休想活着回去。为国家牺牲，请从嗣业开始。"他赤膊上阵，手持陌刀立于阵前大呼，溃兵经过他的身边，他陌刀一挥，人马俱碎，连杀了十几个溃兵，这才重新稳住了唐军的阵脚。李嗣业率领他的陌刀队排成一条散兵线，如墙推进。他冲锋在前，所向无敌，唐军逐渐占据上风。叛军正面进攻未能奏效，埋伏于阵东的叛军骑兵伺机杀出，偷袭唐军后方，唐军大将仆固怀恩率领四千回纥骑兵迎头痛击，叛军骑兵伤亡殆尽。李嗣业与回纥骑兵冲锋在前，又迂回敌后，中军在郭子仪的带领下奋勇杀敌，双方从中午一直战到晚上，唐军斩首六万余级，取得了振奋人心的大捷。安守忠、李归仁放弃长安，向东撤离。安庆绪再度集结叛军十五万人，在新店与唐军鏖战，李嗣业再为前锋，与回纥合兵，表里齐进，贼众大败。安庆绪惊恐之下，只带了一千多步骑兵逃到邺城。唐军收复了西京长安和东都洛阳。李嗣业以功加开府仪同三司、卫尉卿，册封为虢国公，食封二百户。

　　颜真卿是唐代中期杰出的政治家、书法家。他创立的"颜体"楷书与赵孟頫、柳公权、欧阳询并称"楷书四大家"，和柳公权并称"颜筋柳骨"。他秉性正直，笃实纯厚，从不阿于权贵，屈意媚上，以义烈名于时。

　　卢杞专权，嫉妒颜真卿，改任他为太子太师，罢免礼仪使，又问颜真卿说："委任你为一方的军政长官，什么地方最方便呢？"颜真卿回答："我颜真卿因性情偏急而被小人憎恨，不止一次被贬逐。如今年老体弱，希望得到相公的庇护。当年相公的先父御史中丞的头颅传送到平原郡，脸上的血我不敢用衣袖擦拭，而是用舌头去舔，而相公对我为何如此不容呢？"卢杞惊惶下拜，但心中含着怒气。

　　建中四年（783），李希烈攻陷汝州时，卢杞便进言："颜真卿为四方所信任，派他去告谕反贼，可以不劳烦军队。"德宗李适同意。朝臣为此大惊失色，宰相李勉秘密上奏："颜太师这一去，凶多吉少。我们失去这样一个元老，是国家的耻辱。"河南尹郑叔则也劝他不要去，颜真卿回答："圣旨能逃避吗？"

颜真卿到叛军处后，李希烈想给他一个下马威，见面的时候，叫自己的养子和部将一千多人都聚集在厅堂内外。颜真卿刚开始宣读圣旨，那些人就冲上来，手里拿着明晃晃的尖刀，围住颜真卿又是谩骂，又是威胁，颜真卿面不改色。李希烈这才用身子护着他，命众将退下，让颜真卿住进驿馆。李希烈逼他写信给德宗李适以洗刷自己的罪行，颜真卿不听。李希烈就借他的名义派颜真卿的侄子颜岘与几个随从到朝廷继续请求，德宗没有答复。颜真卿每次给儿子写信，只告诫他们严谨地敬奉祖宗，抚养孤儿，从未有其他的话。

　　李希烈派李元平劝说他，颜真卿将李元平一顿痛斥。李希烈请来他的同党，大设盛会，唤来颜真卿，指使戏子们借唱戏攻击侮辱朝廷。颜真卿愤怒地说："你是皇帝的臣子，怎么能这样做！"起身离去。当时朱滔、王武俊、田悦、李纳等藩镇的使者都在座，对李希烈说："很早就听说太师的名望高，品德好，您想当皇帝，正缺少一个宰相。这个宰相请颜太师来当最合适呀！"颜真卿听说后，斥责道："你们听说过颜常山没有？那是我的兄长！安禄山反叛时，他首先起义兵抵抗，后来即使被俘了，也不住口地骂叛贼。我将近八十岁了，至死不可辱名节，怎么会屈服于你们的胁迫！"众人面尽失色。

　　李希烈挖了一丈见方的坑，说要活埋颜真卿。颜真卿约见李希烈说："死生有命，何必搞那些鬼把戏！"

　　荆南节度使张伯仪兵败时，李希烈命令把张伯仪的旌节以及被俘士兵的左耳送给颜真卿看，他痛哭扑地，气绝后又苏醒，从此不再与人说话。恰逢李希烈同伙中的周曾、康秀林想偷袭杀掉李希烈，尊颜真卿为帅，事情泄露，周曾被杀死，李希烈就把颜真卿押送到了蔡州的龙兴寺。颜真卿估计自己一定会死，于是写了给德宗的遗书、自己的墓志和祭文，指着寝室西墙下说："这是放我尸体的地方！"李希烈称帝时，派使者问登帝位的仪式，颜真卿回答说："老夫年近八十，曾掌管国家礼仪，只记得诸侯朝见皇帝的礼仪。"

后来，朝廷的军队又强大起来，叛贼料想形势会变，派将领辛景臻、安华到颜真卿住所，在寺中堆起干柴说："再不投降，就烧死你！"颜真卿起身欲跳入火中，辛景臻等人急忙拉住了他。

李希烈的弟弟李希倩因与朱泚叛乱被杀，李希烈发怒，派宦官前往蔡州杀害颜真卿，说："有诏书！"颜真卿拜了两拜。宦官说："应该赐你死。"颜真卿说："老臣没有完成使命，有罪该死，但使者是哪一天从长安来的？"宦官说："从大梁来。"颜真卿骂道："原来是叛贼，何敢称诏！"最后颜真卿被逼上吊，享年七十六岁。颜真卿死节的消息传出后，三军都为之痛哭。

唐宪宗元和九年（814），淮西节度使吴少阳病卒。其子吴元济隐匿吴少阳死亡的消息，径自接掌军务，拥兵自立。淮西一镇仅有蔡、申、光三州之地，周围都是唐朝州县，势孤力单。

唐宪宗即位后，改变了对藩镇的姑息态度，元和年间再次出现了兴旺的局面。唐宪宗发兵征讨淮西，但是他派去的统帅，不是腐朽的官僚，就是自己另有所图。结果，花了整整三年工夫，费了大量财力，却都失败了。新上任的宰相裴度坚持继续用兵，他对唐宪宗说："淮西叛乱是心腹大患，不能不除。况且朝廷既已出兵，其他地区的割据藩镇，都在看朝廷有没有决心平叛，所以不能中途停止。"于是，唐宪宗决定继续派兵攻打。

公元817年，朝廷派李愬担任唐州等三州节度使，要他进剿吴元济的老巢蔡州。唐州的将士打了几年仗，都不愿再打，听到李愬一来，有点担心。李愬到了唐州，就向官员宣布："我是个懦弱无能的人，朝廷派我来，是为了安顿地方秩序。至于打吴元济，不干我的事。"这个消息传到了吴元济那里。吴元济打了几次胜仗，本来就有点骄傲，听到李愬不懂得打仗，更不把他放在心上了。之后，李愬一点不提打淮西的事。唐州城里有许多生病和受伤的兵士，李愬一家家上门慰问，一点官架子也没有，将士们都很感激他。李愬看到士气开始振作，就向朝廷要求增派军队，准备袭击吴元济的老巢。朝廷又给了他两千骑兵。

李愬知道，要打败淮西，还要争取熟悉叛军内情的淮西将士投降过来。有一次，他的部下活捉了一个叫丁士良的淮西将领。李愬见丁士良是条好汉，就亲自给他松了绑，把他收为部将。以后他又陆续收降了吴秀琳、李忠义、李祐等淮西将领。李祐是淮西有名的勇将，官军多次败在他手里，都想杀他，李愬却想尽办法保护他。李祐非常感激李愬的恩德，决心帮他攻取蔡州。

当时，吴元济把主力都用来对付其他官军，李祐便向李愬献计说："蔡州的精兵都在洄曲和四面边境，守卫蔡州的不过是一些老弱残兵，可以乘虚直取。"李愬于是命令李祐、李忠义率领突击队三千人作先锋，自己率领三千人作为主力军，命令李进诚率领三千人在中军的最后面压阵。走了六十里地，夜里到达张柴村，杀掉全部守卫士兵，占据营寨。李愬命令士兵稍微休息一会儿，吃干粮，整理好战马的笼头和缰绳。留下五百人镇守在那里，用来断绝洄曲和各交通线上的桥梁，李愬连夜带其他士兵出发。各将领请示要去的地方，李愬说："进蔡州城捉拿吴元济。"将领们都吓得变了脸色。

走了七十里，到达蔡城。四更天，李愬到达城下，没有一个人知道。李祐、李忠义在城墙壁上挖出一个个坑儿，借此爬上城墙。看守城门的士兵正在熟睡，尽被杀死，却留下打更的人，让他照常打更。悄悄打开城门，让官兵进城。到了里城，也是这样。城里没有丝毫觉察。鸡啼，雪停，李愬入城占据吴元济的外衙。有人报告吴元济说："官兵到了！"吴元济还睡在床上，他不相信这是真的，毫不在意地说："大概是洄曲的士兵前来讨寒衣吧。"起身到庭院里静听，听到军发号令，应答的有上万人，这才害怕了。老百姓都抢着背柴草来支援李愬的军队。吴元济抵挡不住，只得缴械投降。

蔡州一破，吴元济驻守各地的叛军也全都向官军投降了。吴元济被押解到长安处死。长期割据河北的藩镇，听到吴元济被处死的消息，非常震惊，纷纷表示愿意服从朝廷。唐朝统一的局面，暂时得到了加强。

韩愈镇州劝降

长庆元年（821）七月，韩愈转任兵部侍郎。当时，镇州兵变，叛将王庭凑杀害新任成德节度使田弘正，自任节度使。

唐穆宗派兵去征讨。一仗打下来，官军不仅没打下镇州，大将牛元翼的一路人马反而被叛军包围了。唐穆宗赶紧同大臣们商量对策。由于朝廷没法增派更多的军队，只得同意让王庭凑当节度使，同时朝廷赦免王庭凑及成德士兵，命韩愈为宣慰使，前往镇州，劝王庭凑解除对官军的包围。

韩愈即将出发时，百官都为他的安全担忧。元稹说："韩愈一去，凶多吉少，可惜！"穆宗也感到后悔，命韩愈到成德军边境后，先观察形势变化，不要急于入境，以防不测。韩愈说："皇上命我暂停入境，这是关怀我的人身安危；但是，不畏死去执行君命，是我作为臣下应尽的义务。"于是毅然只身前往。

到镇州后，王庭凑将士拔刀开弓迎接韩愈。韩愈到客房后，将士仍手执兵器围在院中，杀气腾腾。王庭凑对韩愈说："韩大人，镇州之乱，都是我手下这些将士干的，不是我的本意。"韩愈严厉地说："皇上认为你有将帅之才，所以任命你为节度使，却想不到你竟指挥不动这些士卒！朝廷已经同意你做节度使，为何还包围牛元翼将军不放呢？"话没说完，一群叛将围住韩愈，气势汹汹地质问道："我们为朝廷卖过命，立过功，哪点对不住朝廷？为什么把我们当做叛贼？""田弘正待部下太刻薄了，所以我们全军不满。"一个叛将申辩说。

韩愈严肃地说："可你们已经把他杀了，又残害他家，这是什么道理？我现在要说的是，归顺还是反叛朝廷，你们今后的结局是不一样的！好好想想吧！"众人哑口无言。半晌，王庭凑才问："现在我们怎么办？"韩愈缓和了口气说："朝廷像牛元翼这样的人不在少数，但朝廷顾全大局，不能把他丢弃不管。为什么你到现在仍包围镇州，不放他出城？只要撤除对牛元翼军队的包围，就没事了。"王庭凑说："好！我马上就放他出城。"便和韩愈一起饮宴。

不费一兵一卒，化干戈为玉帛，平息镇州之乱，韩愈圆满地完成了使命。

柳公权二十九岁时进士及第，后历仕七朝。柳公权书法以楷书著称，与颜真卿齐名，人称"颜柳"，又与欧阳询、颜真卿、赵孟頫并称"楷书四大家"。

一天，柳公权正在写字，穆宗一边看着他运笔，一边连连赞叹，惊诧地问道："你的字怎么写得这么好，有啥秘诀没有？"柳公权回答："用笔在心，心正则笔正，笔正乃可法矣。"什么意思呢？就是说笔法出自内心，只要心地正直就能写出好字！这也许是柳公权写字的"法"，但此时此刻，他对皇帝做出的"书法指导"，其实是在劝谏皇帝，写字和治理国家一样，都必须"心正"。当时正沉溺酒色的穆宗听完，半天没有说话，脸色都变了。

文宗开成三年（838），柳公权转任工部侍郎。文宗曾召他问事，问他："外边有什么议论？"柳公权回答说："自从郭旼被任为邠宁节度使，人们议论纷纷，有的说好，有的说不好。"文宗说："郭旼是尚父郭子仪的侄子，太皇太后（懿安郭皇后）的叔父，在职也没有过错。从金吾大将升任小小的邠宁节度使，众人还议论什么呢？"柳公权说："凭郭旼的功绩和品德，任命为节度使是合适的。人们议论的原因，据说是郭旼把两个女儿献入宫中，因此才升官，这是真的吗？"文宗说："他的两个女儿进宫，是来看望太后的，并不是他进献女儿。"柳公权说："常言说，'瓜田不拾履，李下不整冠'，如没有嫌疑，为什么这事嚷得家喻户晓？"他进而举出王珪劝太宗送卢江王妃出宫的事例来说明利害，文宗当即派内使张日华把二女送还郭旼家。

后柳公权屡次升迁，曾担任学士承旨。

宋太祖还没有来得及完成统一大业，就亡故了。他的弟弟赵匡义继位做了皇帝，即宋太宗。宋太宗决心平定北方。公元 979 年，他带领大军，攻打北汉。宋军把北汉的京城太原团团围困，猛攻猛打。北汉向辽国求救，辽国派兵前来援助，被宋军打得大败。北汉无力抵抗，只好投降。

北汉有位名将，叫杨业，也归附了宋朝。杨业从小爱好骑马射箭，学得一身武艺，英勇善战，被人们称为"杨无敌"。宋太宗对杨业相当器重，先让他担任郑州刺史，后来又让他担任代州刺史，镇守北方边境。

宋太宗想乘胜攻打辽朝，收复北方失地。宋军攻势凌厉，北方有几个州的辽朝守将纷纷投降。宋军乘势一直打到幽州。辽朝大将耶律休哥赶来救援，双方在高梁河打了一仗，宋兵大败，宋太宗乘了一辆驴车，逃回东京。从此以后，辽军不断袭击宋朝边境，宋太宗十分忧心。

公元 980 年 3 月，辽国出动十万大军，侵犯代州北面的雁门关。警报传到代州，时杨业手下只有几千骑兵，双方力量悬殊，大家都很担心。杨业决定出奇制胜，带领几百骑兵，从小路绕到雁门关北面，攻击敌人背后。辽军正大摇大摆地向南进军，不料一声呐喊，宋军从背后杀了出来。辽军大惊，不知道宋军有多少人马，吓得四散逃奔。这一仗，辽国的一位驸马被杀，一位大将被活捉。杨业以少胜多，宋太宗非常高兴，又给杨业升了官。从此，"杨无敌"的威望越来越高了。杨业立大功以后，一员大官非常妒忌，他们担心杨业的声望和地位超过自己，就设法排挤陷害他。但宋太宗不予理睬，他把攻击杨业的奏疏封起来，送给杨业，表示对杨业的信任。

过了几年，辽景宗耶律贤病死，他的儿子辽圣宗耶律隆绪继位。辽圣宗年仅十二岁，由他的母亲萧太后执政。宋太宗见辽国政局发生变动，认为机会来了，决计出兵收复被辽国占领的燕云十六州。

公元 986 年，宋太宗派三支大军攻辽，东路由大将曹彬带领主力部队，向幽州前进；中路由田重进率领，攻取河北西北部等地；西路由潘美率领，攻取山西北部各地。杨业就在西路军中，做潘美的副将。潘美带领的西路军，出了雁门关，就向北进攻。杨业和他的部下英勇善战，很快打下了寰州、朔州、应州和云州，收复了山西西北部的大片失地。正当西路军节节胜利的时候，不料东路军吃了一个大败仗。宋太宗因主力部队失败，不敢再战，连忙下令退兵。潘美、杨业很快退回代州。宋朝的大军一退，应州的宋朝守军也丢掉城池逃跑了，辽军乘胜打进寰州，形势十分紧张。就在此时，宋朝廷下令把寰、朔、应、云四州的老百姓迁往内地，要潘美、杨业的部队担任护送之职。但这时寰州和应州已经丢了，云州远在辽军的背后，朔州也在辽军的身旁，要迁移那些地方的老百姓，可着实不容易。

杨业考虑了一番，提出建议："现在敌人很强大，应当暂时避开他们的锋芒，不能硬打。我们应先假装打应州，引诱敌人大军前去迎战，然后利用这个机会，命应、朔两州的守将带领百姓赶快南迁，我们只要派军队在中途接应，这两州的百姓就可以安全转移了。"可是，在潘美军中做监军的王侁却不同意，他说："我们有几万精兵，为什么这样胆小？只要走雁门关北面的大路，向朔州前进就是了。"杨业说："如此必败！"王侁不但不考虑杨业的正确意见，反而讽刺他说："将军一向号称杨无敌，如今看到敌军，竟逗留不前，难道有其他想法吗？"对于这样恶毒的诬蔑，杨业气愤极了。他横下心来，说："我并不怕死，只因时机不利，不想让士兵白白送死。你既然说出这种话来，我领兵前去就是了。"

主将潘美也支持王侁的主张。杨业无可奈何，只好带领手下人马出发了。临行，他流着眼泪对潘美说："这一仗肯定要失败。我本来想看准时机，痛击敌人，报答国家。现在大家责备我避敌，我不得不先死。"接着，他指着前面的陈家峪对潘美说："希望你们在这个谷口两侧埋伏好步兵和弓弩手，我兵败之后，退到这里，你们带兵接应，两面夹击，也许有转败为胜的希望。"

杨业出兵没多远，果然遭到辽军的伏击。杨业虽然英勇，但是辽兵像潮水一样涌上来。杨业拼杀了一阵，抵挡不住，只好一边打一边后退，把辽军引向陈家峪。到了陈家峪，正是太阳下山的时候。杨业退到谷口，只见两边静悄悄，连宋军的影儿都没有。潘美带领的主力到哪儿去了呢？原来杨业走了以后，潘美也曾经把人马带到陈家峪。等了一天，听不到杨业的消息，王侁认为一定是辽兵退了。他怕杨业抢了头功，催促潘美把伏兵撤去，离开了陈家峪；等到他们听到杨业兵败，又往另外一条小道逃跑了。杨业见约定的地点没人接应，气得直跺脚，只好带领部下转身跟追上来的辽兵展开殊死搏斗，兵士们个个奋勇抵抗。辽军越来越多，最后，杨业身边只剩下一百多个士兵。他含着泪，高声向士兵说："你们都有自己的父母家小，不要跟我一起死在这里，赶快突围出去，也好让朝廷得知我们的情况。"士兵们听了这些话，再看看杨业浴血奋战的情景，都感动地流下热泪，没有一个愿意离开。最后，士兵们全部战死，淄州刺史王贵杀敌数十人，箭用完了，力战而亡。杨业身上受了十几处伤，浑身是血，还来回冲杀，杀伤了几百名敌人。不料一支箭射来，正中他的战马，马倒在地下，把他摔了下来。辽兵乘机围了上来，把杨业俘虏了。

杨业被俘以后，辽将劝他投降，他抬起头叹了口气说："我杨业本来想消灭敌人，报答朝廷，没想到被奸臣陷害，落得全军覆没，哪还有脸活在世上呢？"他在辽营里绝食三天三夜，英勇牺牲。

杨业被俘而亡的消息传到东京，朝廷上下都为他哀痛叹息。宋太宗丧失了一员勇将，自然也感到难过，把潘美降职处分，王侁革职查办。

中华传统文化主题故事读本·勇毅果敢

青文胜，字质夫，夔州人，任龙阳县令的属官。龙阳毗邻洞庭湖，洪武二十四年（1391），龙阳县发大水，稻田里颗粒无收，饿死、淹死以及瘟疫致死的人不计其数，而老百姓却迟迟得不到救济。郡县长官不但不加体恤，反而加紧勒索，凶恶的税吏审扰四乡，趁机劫掠。百姓无以纳税，有的被关进监狱，有的逃走他乡，老弱病残活活饿死。

眼看着幸存的百姓也要活不下去了，青文胜千里迢迢只身一人来到都城南京，想面见皇帝朱元璋，说明情况，申请赈济，却因官微身贱被宫门卫士一次次拒之门外，再三上书，皇帝都不答复。青文胜叹息说："我有什么脸面回去见父老乡亲们啊！"又一次准备了奏章，敲击登闻鼓上诉，但无人受理，青文胜于是在鼓下上吊自尽。得知消息的朱元璋为他的勇气深深感动，马上派人实地督查。朱元璋赞赏青文胜为了百姓而牺牲自己的精神，下令宽贷龙阳赋税二万四千多石。乡里人建立祠堂来祭奠青文胜，其中有一副对联写道：一点丹心全赤子；九重红日照青祠。青文胜后被追封为"惠烈公"。他的妻子和孩子因为贫困不能返乡，乡里决定用百亩公田奉养他们。

夏完淳怒斥洪承畴

明亡后，夏完淳的父亲夏允彝和老师陈子龙等爱国志士都接受了鲁王的封赏，领导太湖、松江一带的义军抗清。

为了对付抗清力量，清朝廷派了洪承畴总督军事。洪承畴原是明朝大臣，兵败被俘，投降清廷。清兵入关后，封他为武英殿大学士，受命招抚江南总都军务。

清军围攻松江，夏允彝父子和陈子龙冲出清兵包围，到乡下隐蔽起来。清兵到处搜捕，还想引诱夏允彝出来自首。夏允彝不愿落在清兵手里，投河自尽，留下遗嘱，要夏完淳继承他的抗清遗志。

父亲的牺牲令夏完淳万分悲痛，也激起了他对清朝的仇恨。他和陈子龙秘密回到松江，准备再组织起义军。他们打听到太湖长白荡有一支由吴易领导的抗清义军，正在重整旗鼓。夏完淳把家产全变卖了，捐献给义军做军饷，在吴易手下当了参谋。他还写了一道奏章，派人到绍兴送给鲁王，请鲁王坚持抗清。鲁王听说上书的是个少年，十分赞赏，封给夏完淳一个中书舍人的官衔。

吴易的水军在太湖边出没，把清军打得晕头转向。但是后来由于叛徒的出卖，义军失败，吴易牺牲。

　　过了一年，陈子龙又秘密策动清朝的松江提督吴胜兆反清，不幸失败，陈子龙被清军逮捕。他不愿受辱，在被押解到南京的船上，挣脱绳索，跳河自尽了。

　　夏完淳正在为失去老师而悲痛时，却因为叛徒告密，他自己也被捕了，清军派重兵把他押到南京。夏完淳在监狱里被关押了八十天，他给亲友写了许多可歌可泣的诗篇和书信。他还把自己的诗稿定名为《南冠草》。

　　对夏完淳的审讯开始了，主持审讯的正是招抚江南的洪承畴。洪承畴知道夏完淳是江南出名的"神童"，想用软化的手段使他屈服。

　　他问道："你是夏完淳吗？"夏完淳答道："正是。"洪承畴就叫衙役："给夏相公看座。"问夏完淳说："听说你给鲁王写过奏章，有这事吗？"夏完淳昂着头回答："正是我的手笔。"

　　洪承畴站起身来走到夏完淳面前，换上一副温和的神气说："夏完淳，我早就知道你五岁读经书，九岁能写诗，人们称你是'神童'，誉满江南。今天我看到你，真是有学问，有胆量，可称旷世奇才。前朝气数已尽，所谓识时务者为俊杰，只要归顺大清，咱们既往不咎，还给你官做，大有用武之地。"

　　夏完淳假装不知道面前之人是洪承畴，说道："要我归顺不难，除非有一个人死而复生！"洪承畴问道："谁？"夏完淳："那就是洪亨九（洪承畴的字）先生。我久仰他的英名，永难相见了。"

　　这番话把洪承畴说得啼笑皆非，满头是汗。旁边的士兵以为夏完淳真的不认识洪承畴，提醒他说："别胡说，上面坐的就是洪大人。"

夏完淳"呸"了一声说:"我听说我朝有个洪亨九先生,是个豪杰人物,当年松山一战,他以身殉国,震惊中外,天下人谁不知道?崇祯帝曾经亲自设祭,满朝官员为他痛哭哀悼。你们这些叛徒,怎敢冒充先烈,污辱忠魂!我年纪虽然小,但是杀身报国,怎能落在他的后面!"

洪承畴听后狼狈不堪,镇静一会儿,为自己屈膝投降辩护:"夏完淳,你不知道,我率十万明军抵抗百万清兵,松山一战,全军覆没,我落马被俘,也想一死,但见明朝气数已尽,又因大清皇帝对我极为器重,我认为臣节已尽,白白死了也没有什么用处。"

夏完淳厉声说:"洪承畴啊,你这卖国贼!你坐镇蓟辽,上受先皇之托,下受百姓供奉,叛国投敌,认贼作父,来到江南,剿灭义军,屠杀百姓,真是鸟兽不如,将遭万世唾骂,还说什么臣节已尽。"

洪承畴被骂得脸色像死灰一般,连声吼道:"住口,住口。"不敢再审问下去,一拍惊堂木,喝令兵士把夏完淳拉出去。

公元1647年9月,这位年仅十七岁的少年英雄在南京西市被害。

周顺昌，万历四十一年（1613）进士，历任福州推官、吏部稽勋主事、文选司员外郎，居官清正。

当时，朝内太监魏忠贤独揽大权，扰乱了全国政局。曾任给事中的嘉善人魏大中因得罪魏忠贤，被捕押解经过苏州。周顺昌去探望魏大中并与他饮酒，第三天，把自己的小女儿许配给魏大中的孙子。魏忠贤知道此事后，非常愤恨。御史倪文焕受魏忠贤指使，上书弹劾周顺昌，周顺昌就此被削除官籍。

当时苏杭织造太监李实与曾任应天巡抚的周起元以及周顺昌皆有怨仇，李实在追查周起元罪状并予以弹劾时，把周顺昌的名字也放了进去。魏忠贤派官差到苏州逮捕周顺昌。周顺昌知道了这件事，却并不放在心上。

到府衙门宣读圣旨的那一天，巡抚都御史毛一鹭、巡按御史徐吉以及道、府以下各级官员全部到场。赶来观看的百姓有好几千人，人人为周顺昌叫冤枉，声如惊雷。秀才王节等人更是据理力争，说话间有点冒犯了魏忠贤，毛一鹭勃然大怒，说："秀才读的是孔圣人的书，懂得君臣之间的大义，圣旨所在，就是皇上所在，怎么敢聚众喧闹到如此地步！"几个差役见说了好久没有结果，又不明白抚按为什么不治秀才们的罪，就"当啷"一声把镣铐往地上一丢，大喊："犯人在什么地方？"又说："这是魏大人的命令，可以缓办吗！"众人被他们激怒了，说："那么这圣旨原来是假的！"大家争先恐后地翻上栏杆，拉住那些差役就打，差役个个抱头鼠窜，纷纷告饶。巡抚府里的军官带了骑兵来镇压，有的兵卒拔出刀威胁百姓，百姓愈加愤怒，把刀抢过来要杀毛一鹭。备兵使者张孝用鞭子打拔刀兵卒，以平息众怒，局势稍稍安定。知府寇慎、知县陈文瑞平时受百姓拥戴，出来用好话劝慰，人群方才陆续散去。有人劝周顺昌回家去，他不肯，就住在毛一鹭衙门里。

毛一鹭要挟御史徐吉上奏章报告苏州民变，八天以后，周顺昌竟被逮捕，被押解到京师，关进奉诏关押犯人的牢狱。周顺昌在狱中牙齿尽落，把满口鲜血喷向审问官，仍痛骂魏忠贤，最后受酷刑而死。

崇祯元年（1628），魏忠贤罪行败露，贬谪凤阳，在途自尽。周顺昌长子周茂兰刺指血书，奏闻崇祯帝申己父之冤，崇祯帝下诏书追赠周顺昌为太常寺正卿，谥号"忠介"，为他造专门的祠堂。

明正德十四年（1519），宁王朱宸濠发动叛乱。消息传到北京后，朝中大臣震惊不已，只有王琼十分自信地说："王阳明在江西，肯定会擒获叛贼。"

当时，王阳明正准备前往福建平定那里的叛乱。行至江西吉安与南昌之间的丰城，王阳明得到朱宸濠叛乱的消息，立即赶往吉安，募集义兵，发出檄文，出兵征讨。

一开始，王阳明来了个疑兵之计。他深知如果宁王顺长江东下，那么南京肯定保不住。作为留都的南京丢了，叛军在政治上就会占有一定的主动权，平叛就会有困难。

王阳明平定盗贼后，兵符已上交兵部，手中无兵。在江西境内的朝廷官吏都来帮忙，王阳明又在袁州聚集各府县士兵，征调军粮，制造兵械船只。

王阳明一边联络地方官员组织兵力抵抗，一边派自己的得意弟子冀元亨假装去宁王府送贺礼以打探朱宸濠动静。到南昌后，冀元亨向朱宸濠讲了一堆君臣之道的大道理，劝他放弃造反，但朱宸濠并不吃那一套。王阳明跟伍文定等人商量如何抗击朱宸濠，决定由伍文定负责调集兵马粮草，往战船上搬运武器，在各省发檄文通报朱宸濠的罪名，王阳明自己则负责说服握有兵权的官员前去抵抗。

王阳明假装传檄各地至江西勤王，在南昌到处张贴假檄迷惑朱宸濠，声称朝廷派了边兵和京兵共八万人，会同自己在南赣的部队以及湖广、两广的部队，号称十六万，准备进攻宁王的老巢南昌。为争取时间集结军队，王阳明又写蜡书让朱宸濠的伪相李士实、刘养正劝朱宸濠发兵攻打南京，又故意泄露给朱宸濠。此时，李、刘二人果然劝朱宸濠进兵南京，朱宸濠大疑，按兵不动。

朱宸濠犹疑不定，等了十多天，探知朝廷根本没有派那么多的兵来，才沿江东下，攻下九江、南康两城，逼近安庆。当时有人建议王阳明往救安庆，王阳明不肯，他分析道："如果救安庆，与宁王主力相持江上，南康和九江的敌人就会乘虚攻我后背，我们腹背受敌；若我们直捣南昌，南昌守备空虚，我们的军队锐气正足，必可一举而下；宁王必定回救，到时我们迎头痛击，肯定会取胜。"后来的事实果如王阳明所料。

王阳明大军已集结完毕。趁朱宸濠精锐都已前往安庆，留守南昌的兵力空虚，王阳明率兵攻打南昌，朱宸濠只得回兵救南昌。最终双方在鄱阳湖决战，经过三天的激战，宁王战败被俘，叛乱历时三十五天后宣告结束。

　　杨继盛，保定容城人，出身贫苦。杨继盛七岁时，母亲去世，继母让他放牛。杨继盛放牛经过私塾，看到其他孩子在读书，十分羡慕，向他哥哥请求让他读书。哥哥说："你年纪太小，读什么书？"杨继盛回答："我能放牛，就不能读书？"他父亲见他有志气，就让他一面读书，一面放牛，他进步很快。杨继盛后应科举考试，中了进士。

　　严嵩掌权的时候，北面鞑靼部强大起来，统一了蒙古各部，成为明朝很大的威胁。严嵩不但不想加强战备，反而贪污军饷，让士兵们受饥挨饿。鞑靼首领俺答好几次打进内地，明军没有力量抵抗。1550 年，俺答带兵长驱直入，一直打到北京城郊。明世宗派严嵩的同党仇鸾为大将军，统率各路援军保卫京城。严嵩怕仇鸾打败仗，便指使仇鸾不要抵抗。鞑靼兵在北京附近掳掠了大批人口、牲畜、财物，满载而归。杨继盛看到严嵩、仇鸾一伙的行为，怎么也忍受不了，他向明世宗上书反对议和，希望朝廷发奋图强，选将练兵，抵抗鞑靼。明世宗看了奏章，也有点心动，但是禁不起仇鸾一再揎掇，反把杨继盛降职到狄道做典史。狄道习俗落后，很少有人读诗书。杨继盛选拔了一百多人，聘请三经老师教他们。他卖掉马匹、夫人的服装，买田资助这些学生。这个县有座煤山，被番人占据，农民只得靠着二百里外的柴薪生火做饭。杨继盛召集番人并说服了他们，他们都心悦诚服地说："杨公即使需要我们的毡帐，我们也舍得，何况是煤山呢？"杨继盛还在狄道疏浚河道、开发煤矿，让妻子张贞传授纺织技术，深受当地人民的拥戴，人们都称他为"杨父"。

杨继盛被贬一年后，俺答依然扰边，马市全遭破坏。世宗知道杨继盛有先见之明，故再度起用他，调其为山东诸城县令，改任南京户部主事、刑部员外郎。严嵩也想拉拢杨继盛，哪知道杨继盛对严嵩更加深恶痛绝。他回到京城刚一个月，就上奏章弹劾严嵩，大胆揭发严嵩十大罪状，条条都有真凭实据，还指出严嵩身边有"五奸"——间谍、爪牙、亲戚、奴才、心腹，都密布在世宗左右。

这道奏章打中了严嵩的要害，严嵩气急败坏，在明世宗面前诬陷杨继盛。明世宗大怒，把杨继盛打了一百廷杖，关进大牢。杨继盛被打得遍体鳞伤，腿上的肉都打烂了，连狱卒看了都觉得心酸，杨继盛却处之泰然。亲友们听到杨继盛伤势重，通过狱卒送给他一只蛇胆当伤药。杨继盛推辞不受，说："我自己有胆，用不着这个！"杨继盛在监狱里被关了三年，实在审不出什么罪状，一些便官员想营救他出狱。严嵩同党对严嵩说："你不杀杨继盛，不是养虎贻患吗？"严嵩遂设法诱使明世宗下诏将杨继盛处死。嘉靖三十四年（1555），杨继盛被害于北京市刑场，年仅四十岁。临刑前，他当众放声吟诵绝命诗："浩气还太虚，丹心照千古。生平未报恩，留作忠魂补。"

海瑞巧治胡公子

　　海瑞，明朝著名清官，一生经历了正德、嘉靖、隆庆、万历四朝。他打击豪强，疏浚河道，修筑水利工程，力主严惩贪官污吏，禁止循私受贿，强令贪官污吏退田还民，有"海青天"之誉。

　　明朝嘉靖年间，社会风气腐败，达官贵人经州过县，除了享受酒肉招待之外，还要收受厚礼，那礼单上写的是"白米多少石""黄米多少石"，其实，这"白米""黄米"是隐语，指的是白银、黄金。这种风气蔓延开来，连一些官员子弟路过，地方也要隆重接待。

　　一天，衙役来禀报，驿站的驿吏被胡公子吊起来毒打。海瑞问："哪个胡公子？"衙役说："就是浙江总督胡宗宪的儿子。"原来，总督胡宗宪的儿子带着一队人马来到淳安，驿站官员不知道来者是谁，接待上稍有怠慢，惹得胡公子大怒，当场命令家丁把驿吏五花大绑，吊在树上，用皮鞭狠狠抽打。

　　海瑞心想："胡公子是自己上司的儿子，而且胡宗宪是奸臣严嵩的党羽，这件事必须好好对付。"海瑞带着衙役赶到驿站，见胡公子正在用皮鞭抽打驿吏，顿时义愤填膺。他大喝一声："住手！"立即命令给驿吏松绑。胡公子的手下一下把海瑞团团围了起来。胡公子趾高气扬，挥着马鞭，说："你知道本大爷是谁吗？"

海瑞理直气壮、义正辞严地说道："不管你是谁，都不准在我管辖的地方胡作非为！"接着，海瑞指着胡公子说："把这个无理取闹的人绑起来。"那个胡公子分辩道："我是浙江总督的儿子！"胡公子手下的家丁恐吓道："狗官，你瞎了眼！这是胡总督胡大人的公子！"

海瑞冷冷一笑，说："胡说！胡公子是知书达理之人，绝不会做这种事。以往胡大人来此巡查，命令所有地方一律不得铺张。今天看你们这样行装威盛，如此胡作非为，显然不是什么胡大人的公子，分明就是假冒的！"海瑞又命搜查胡公子的行李，搜出一千多两白银。海瑞说："好，把这个假冒胡公子的银子没收充公入库，救济百姓。"

事后，海瑞马上给胡宗宪修书一封，一本正经地禀告说："有人自称胡家公子，沿途仗势欺民。海瑞想胡公必无此子，显系假冒。为免其败坏总督清名，我已没收其金银，并将之驱逐出境。"

胡宗宪收到信后哭笑不得，只好表示并不怪罪海瑞。就这样，海瑞巧妙地制服了胡公子。